목차

최초의 신, **가이아** ★★★ 8

신들의 왕, **제우스** ★★★ 12

바다의 신, **포세이돈** ★★★ 16

땅과 곡식의 여신, **데메테르** ★★★ 20

결혼의 여신, **헤라** ★★★ 24

사랑과 미의 여신, **아프로디테** ★★★ 28

달과 사냥의 여신, **아르테미스** ★★★ 32

태양과 궁술의 신, **아폴론** ★★★ 36

목동과 나그네의 수호신, **헤르메스** ★★★ 40

전쟁의 신, **아레스** ★★★ 44

전쟁과 지혜의 여신, **아테나** ★★★ 48

대장장이의 신, **헤파이스토스** ★★★ 52

지하세계의 신, **하데스** ★★★ 56

인간을 만든 **프로메테우스** ★★★ 60

사랑의 신, **에로스** ★★★ 64

메두사를 무찌른 영웅, **페르세우스** ★★★ 68

최고의 영웅, **헤라클레스** ★★★ 72

트로이 전쟁의 영웅, **오디세우스** ★★★ 76

포도주의 신, **디오니소스** ★★★ 80

불과 화로의 신, **헤스티아** ★★★ 84

부록

별자리 이야기 ★★★ 89

신화 속 괴물들 ★★★ 131

최초의 신, 가이아

* **로마 이름** 테라
* **직함** 대지의 여신, 세상을 모두 지배하는 지배 여왕
* **세대** 태고(아득한 옛날)
* **상징** 암소

가이아는 모든 것의 어머니로서 세상에서 가장 많은 자식을 낳았어요. 그럼 최초의 신인 가이아는 어떻게 태어났을까요? 처음의 세상을 '카오스'라 해요. 아무것도 없이 텅 빈 상태를 말하지요. 그런 카오스에서 갑자기 생명을 품은 대지와 어두운 것들이 태어났어요. 서로 움직이며 섞이기도 하고 갑자기 충돌하기도 하며 사라지기도 하고 변하기도 했지요. 자연이라는 것이 존재하지도 않았던 때라 우리가 아는 자연의 규칙 또한 없답니다. 이렇게 혼란한 상태에서 어머니의 힘을 지닌 '가이아'가 태어났어요. 가이아는 산과 물을 만들며 세상의 모습을 갖추도록 했어요. 또 물과 공기로부터 자신을 구분 지으며 '폰토스'라 불리는 바다와 '우라노스'라 불리는 하늘이 생겼어요. 가이아는 자신이 낳은 우라노스와 함께 열두 명의 아이들을 낳았답니다. 이 열두 남매는 모두 키가 무척 큰 거인들로 '티탄'이라 불렸어요.

가이아가 티탄 이외에도 많은 아이들을 낳자 우라노스는 두려워졌어요. 자식들의 힘이 세져서 자신을 몰아낼까 봐 무서웠지요. 그래서 자식들을 땅의 갈라진 틈과 동굴 속에 가두어 버렸어요. 우라노스의 자상함을 믿고 아이들을 낳은 가이아는 배신감을 느꼈어요. 날카로운 낫을 들고 자식들에게 복수해달라고 부탁했지요. 결국, 막내아들 크로노스가 그 낫을 들고 우라노스를 향했어요. 크로노스는 우라노스의 성기를 베어 바다에 던져버렸어요. 그때 우라노스가 흘린 피에서 여러 존재가 태어났어요. 그전까지 세상을 지배했던 것은 우라노스였지만 그 이후 힘은 티탄 신들에게 넘어갔답니다. 이렇게 가이아가 낳은 자식들과 후손들이 그리스 신화의 중심인물들이 되었지요.

신들의 왕, 제우스

✱ 로마 이름 주피테르
✱ 직함 신들의 왕 (올림포스 12신의 리더)
✱ 세대 올림포스
✱ 상징 번개, 독수리

권력을 잡은 티탄들은 가이아의 부탁대로 암흑 속에 갇혀 있던 키클롭스와 헤카톤케이레스를 꺼내 주었지만, 크로노스는 그들을 다시 던져버렸어요. 또 레아와 결혼하여 자식을 낳았지만 낳는 족족 아이를 빼앗아 삼켜버렸어요. 자신의 자리를 빼앗길까 두려웠던 것이지요. 여섯 번째 아이를 가진 레아는 가이아를 찾아가 도움을 청했고, 이데산에서 몰래 아이를 낳았어요. 이 아이가 바로 제우스랍니다. 제우스는 무럭무럭 자라 어른이 되었고 자신의 아버지 크로노스가 저지른 일을 모두 알게 되었어요. 지혜의 여신 메티스를 찾아간 제우스는 약을 받아 제우스의 술잔에 몰래 넣었어요. 약을 마신 크로노스는 옛날에 자신이 삼킨 자식들을 모두 토하고 도망쳤어요.

제우스와 형제들은 크로노스를 비롯한 티탄 신들과 전쟁을 시작했어요. 티탄 중에서 제우스의 편에 든 신들도 있었지만, 양쪽의 힘은 비슷해서 쉽게 결판이 나지 않았어요. 십 년간의 전쟁으로 지칠 때 즈음, 제우스는 가이아를 찾아갔어요. 가이아는 과거 크로노스가 암흑 속에 가둔 키클롭스와 헤카톤케이레스를 구해서 함께 싸우라고 했지요. 제우스는 가이아의 조언대로 그들을 찾아갔어요. 손재주가 좋은 키클롭스는 제우스에게 번개를 무기로 주었어요. 팔이 백 개나 달린 헤카톤케이레스는 무시무시한 힘으로 제우스를 도왔지요. 마침내 제우스는 티탄들을 이기고 그들을 가두어 버렸답니다. 그리고 자신의 형제들과 세상을 나누어 가졌어요. 이 여섯 신들은 올림포스산 꼭대기에 성을 짓고 살며 올림포스 신이 되었지요.

바다의 신, 포세이돈

* 로마 이름 넵투누스
* 직함 바다의 신
* 세대 올림포스
* 상징 삼지창

포세이돈은 제우스의 형으로 크로노스와 레아 사이에서 태어났어요. 하지만 크로노스는 포세이돈이 태어나자마자 삼켜버렸지요. 제우스의 도움으로 다시 세상 밖으로 나온 포세이돈은 제우스의 편에 서서 티탄 신들을

상대로 싸웠어요. 용감하고 성실한 포세이돈은 온 힘을 다해 전쟁을 치렀고 가끔 찾아오는 휴식기에는 물의 신 폰토스를 찾아가 그의 물속에서 헤엄치며 즐거움을 느꼈어요. 그곳에서 폰토스의 아들인 네레우스와 친해져 함께 바다에서 행복한 시간을 보냈어요. 키클롭스에게서 삼지창을 선물 받은 포세이돈은 더욱더 강력해진 힘을 갖게 되었어요. 결국, 십 년간의 전쟁은 제우스의 승리로 끝나고 제우스는 포세이돈에게 바다를 다스리도록 했어요.

바다를 사랑했던 포세이돈은 바다의 신이 되어 무척 기뻤어요. 바다를 돌아다니며 도움이 필요한 이들을 도왔지요. 남는 시간에는 바닷속에서 헤엄치며 자유로운 시간을 보냈어요. 그러다 메두사를 만나게 되었어요. 메두사는 폰토스의 손녀인 '고르곤' 세 자매 중 한 명이었어요. 메두사는 포세이돈처럼 영원히 살 수 있는 신이 아니었어요. 포세이돈은 나중에 죽음을 맞이해야 하는 운명을 지닌 메두사와 사랑에 빠지게 되었답니다.

그러나 안타깝게도 아테나의 저주로 아름답던 메두사는 끔찍한 뱀의 모습을 지닌 괴물로 변하게 되었지요.

포세이돈은 바다의 신이기도 하지만 말(馬)의 신으로서도 그 역할을 다 했어요. 올림포스 신들 중 제우스 다음으로 권력을 지닌 포세이돈은 제우스만큼이나 많은 자식을 낳았는데 포세이돈의 자식들은 엄청난 거인이거나 괴물, 동물인 경우가 많았고 대부분 악명이 높았답니다.

땅과 곡식의 여신, 데메테르

* 로마 이름 케레스
* 직함 수확의 여신
* 세대 올림포스
* 상징 밀단, 제물로 바쳐진 그릇

가이아와 크로노스의 자식이자 제우스의 네 번째 아내인 데메테르는 대지의 여신으로 알려져 있어요. 데메테르의 어머니인 가이아 역시 대지의 여신이라 불리는데 둘은 어떤 차이가 있을까요? 가이아가 세상의 모든 것들을 있게 한 어머니 대지라면, 데메테르는 곡물을 자라게 하는 땅의 생산력을 상징하는 대지의 여신이라 할 수 있답니다. 밀 이삭으로 만든 관을 쓰고 손에 횃불이나 곡물을 든 모습이 데메테르의 모습이지요.

밀이 성장하도록 돕는 데메테르의 머리칼은 밀과 같은 진한 금색이에요. 데메테르가 미소를 짓기만 하면 과일나무에 꽃이 피고 과일이 가득 열리게 된답니다.

따뜻한 눈빛으로 바라보기만 하면 초록 잎들이 땅에서 무성하게 돋아나지요. 온 세상이 데메테르에게 의지하였기에 제우스도 그녀에게 따스하고 편안한 느낌을 받았어요.

데메테르에게는 제우스와의 사이에서 낳은 딸 페르세포네가 있었어요. 아름다운 페르세포네를 보고 한눈에 반한 지하세계의 신 하데스는 페르세포네를 몰래 데리고 가버렸어요. 데메테르가 사라진 딸을 찾아 헤매는 동안 세상을 돌보지 않자 식물들은 타들어가고 과일들도 말라 죽었어요. 모든 생명체가 굶어 죽을 위기에 처한 것이지요. 페르세포네가 하데스에게

끌려간 사실을 안 데메테르는 제우스를 찾아가 눈물로 호소했어요. 제우스는 헤르메스를 하데스에게 보냈지만, 하데스가 이미 페르세포네에게 석류알을 먹인 후였어요. 지하세계의 음식을 먹은 자는 누구든 그곳을 빠져나갈 수 없거든요. 결국, 제우스는 페르세포네에게 한 해의 3분의 2는 데메테르와 함께, 나머지 3분의 1인 하데스와 함께 지내도록 했어요. 그래서 데메테르가 딸과 함께 하는 봄, 여름, 가을에는 싹이 돋고 꽃이 피고 열매가 열리지만, 페르세포네가 하데스와 함께 지하세계에 있는 겨울 동안에는 땅도 얼어붙어 아무것도 자라지 못하게 되었답니다.

결혼의 여신, 헤라

✱ 로마 이름 유노
✱ 직함 결혼의 여신
✱ 세대 올림포스
✱ 상징 공작새, 면사포, 뻐꾸기

　제우스의 부인으로 잘 알려진 헤라는 결혼생활을 잘 할 수 있도록 지켜주는 결혼의 여신이에요. 사실 헤라는 제우스의 첫 번째 부인이 아니랍니다. 제우스는 헤라를 만나기 이전에도, 그리고 이후로도 많은 여자를 만났고 결혼한 적이 있었거든요. 하지만 제우스가 여왕의 자리를 내어준 것은 헤라가 유일하답니다. 우아하고 도도한 헤라에게 반한 제우스는 폭우가 쏟아지게 한 뒤 뻐꾸기로 변신해 헤라의 품속으로 날아들었어요. 헤라가 비에 젖은 뻐꾸기를 가여워하자 다시 본래의 모습으로 돌아와 사랑을 고백하고 둘은 결혼하게 되었지요. 아름답고 품위 있는 헤라를 두고도 제우스가 다른 여자들을 계속 만나자 화가 난 헤라는 무서운 복수의 여신이 되었어요. 제우스가 만나는 모든 여자들을 쫓아가 가혹한 벌을 내렸지요.

한 번은 제우스가 이오 공주와 사랑에 빠지자 화가 난 헤라가 이오를 찾아가요. 이를 알고 제우스는 이오를 암소로 변신시키지요. 헤라는 제우스에게 암소가 된 이오를 달라고 한 뒤 거인 아르고스를 불러 감시하게 했어요. 아르고스는 백 개의 눈을 교대로 감고 잠을 잤기 때문에 언제나 이오를 지켜볼 수 있었지요. 제우스의 명령을 받은 헤르메스는 목동으로 변신하여 피리를 불어 아르고스가 백 개의 눈을 모두 감고 잠들도록 했어요. 잠든 아르고스를 죽인 헤르메스는 이오를 탈출시켰어요. 이것을 안 헤라는 화가 나 커다란 쇠파리를 풀어 이오를 괴롭혔어요. 지금도 소 등에 쇠파리가 달려드는 것은 헤라의 저주 때문이랍니다. 또 자기 때문에 죽은 아르고스의 눈을 자신이 좋아하는 새인 공작의 꽁지깃에 달아주었어요.

사랑과 미의 여신, 아프로디테

* **로마 이름** 베누스　　* **직함** 사랑과 미의 여신
* **세대** 올림포스　　* **상징** 가리비 껍데기, 비둘기, 참새, 허리띠

　그리스 신화에서 가장 아름다운 여인을 꼽으라면 비너스로 잘 알려진 아프로디테가 아닐까 싶어요. 어머니 가이아의 요청을 받은 크로노스는 아버지 우라노스의 중요 부위를 날카로운 낫으로 베어 던져버렸어요. 그때 우라노스가 흘린 피가 바다에 떨어져 오랫동안 파도에 떠밀렸지요.

그러다 흰 거품이 일어나더니 눈부시게 아름다운 여신이 탄생했어요. 이 여신이 바로 사랑과 아름다움의 여신인 아프로디테예요. 아프로디테가 발을 딛는 곳마다 여린 풀이 돋아나고 꽃송이가 피어났어요. 마치 땅이 아프로디테의 존재만으로도 축복을 느끼고 사랑에 빠진 것처럼 말이에요.

그러니 아프로디테를 보는 신들은 말할 것도 없었겠지요. 어떤 신이든 아프로디테를 보고 사랑하지 않을 수가 없었어요. 모든 남자들이 아프로디테를 원하자 제우스는 서둘러 아프로디테의 짝을 찾았어요. 바로 절름발이 대장장이 신 헤파이스토스였지요. 세상에서 가장 예쁜 아프로디테의 짝이 세상에서 제일 못생긴 헤파이스토스라니 아프로디테는 몹시 화가 났어요. 하지만 헤파이스토스는 뛰어난 솜씨로 황금 허리띠를 만들어 선물하자 아프로디테의 마음은 달라졌어요. 지금까지 이렇게 아름답고 신비한 물건은 본 적이 없었으니까요. 결국, 아프로디테와 헤파이스토스는 결혼을 하게 되었어요. 하지만 아프로디테는 그 후로도 계속 다른 남자들을 만나고 다녔어요. 그 사실을 안 헤파이스토스는 눈에 보이지 않는 그물을 만들어 아내의 침대에 설치하고 집을 비웠어요. 아프로디테는 아레스를 집으로 불렀고 두 사람은 헤파이스토스가 쳐 놓은 그물에 꼼짝없이 붙잡히고 말았어요. 헤파이스토스는 모든 신들을 불러 이 광경을 보여주며 아프로디테와 아레스에게 모욕을 주었지요.

달과 사냥의 여신, 아르테미스

✱ **로마 이름** 디아나　✱ **직함** 사냥의 여신, 달의 여신
✱ **세대** 올림포스
✱ **상징** 활과 화살, 사슴, 달

제우스는 헤라의 눈을 피해 레토라는 여신과 사랑에 빠졌어요. 곧 레토는 쌍둥이를 임신했지요. 이 사실을 안 헤라는 불같이 화를 내며 레토가 어느 곳에서도 아이를 낳을 수 없도록 명령했어요. 아무도 레토를 도와주지 않을 때 레토의 여동생인 아스테리아가 도움의 손길을 내밀었지요. 레토는 겨우 남녀 쌍둥이를 낳을 수 있었는데 아르테미스가 바로 첫 번째 아기였어요. 가느다란 은 화살과 작은 활을 제우스에서 선물로 받은 아르테미스는 들판을 누비며 사냥을 즐겼답니다. 아름다운 아르테미스를 남자들은 좋아했지만, 아르테미스는 남자에게 관심이 없었어요. 평생 결혼이란 것을 하지 않은 처녀신이었지요. 남자 대신 님프*들과 어울려 다니며 숲속에서 동물을 사냥하는 것이 아르테미스의 즐거움이었어요. 사람들이 없는 숲에서 자유롭게 사는 삶을 좋아했답니다.

---

* 젊고 아름다운 여자 모습의 요정.

남동생인 아폴론이 태양이라면 아르테미스는 달이라 할 수 있어요. 아르테미스는 아폴론과 함께 제우스의 부름을 받아 올림포스로 올라가 중요한 일들을 맡아보았답니다. 하지만 엄격하고 성격이 급한 탓에 아르테미스의 분노를 사면 끔찍한 일을 당해야 했어요. 사냥꾼 악타이온은 우연히 아르테미스가 숲속 개울가에서 목욕하는 모습을 보게 되었어요. 자신의 알몸을 엿본 악타이온에게 몹시 화가 난 아르테미스는 용서를 구하는 악타이온에게 개울물을 끼얹지요. 그러자 악타이온의 몸은 사슴으로 변하고 말았어요. 게다가 악타이온의 사냥개들은 주인을 알아보지 못하고 사슴이 된 악타이온을 물어뜯어 죽이고 말지요. 나중에 이 사냥개가 주인의 죽음을 슬퍼하자, 아르테미스는 하늘로 올려 별자리를 만들어 주었어요. 바로 작은개자리랍니다.

태양과 궁술의 신, 아폴론

✱ **로마 이름** 아폴로
✱ **직함** 예술의 신
✱ **세대** 올림포스
✱ **상징** 하프, 월계관, 매, 새끼사슴

아르테미스의 쌍둥이 남동생인 아폴론이 메추라기 섬인 오르티기아에서 태어나자 섬은 태양과도 같은 눈부신 금빛에 휩싸였어요. 바위투성이 섬이었던 오르티기아는 그때부터 빛의 섬 델로스로 불렸고 태양신이 태어난 축복의 땅으로 뿌리내리게 되었답니다. 강하고 아름다운 아폴론을 보고 모든 여신이 칭찬했어요. 제우스에게는 많은 자식이 있었지만, 아폴론은 제우스의 첫아들이었어요. 그래서 더욱 특별했답니다. 제우스는 아폴론에게 그의 어머니 레토를 괴롭힌 뱀인 피톤을 죽이라고 명령했지요.

아폴론은 델포이 신전을 지키는 뱀 피톤을 화살로 쏘아 죽이고 델포이 신전의 주인이 되었답니다. 델포이 섬에 있는 아폴론 신전은 앞일을 예언하는 신탁으로 유명했어요. 그러니 아폴론이 가장 거만한 신이 될 수밖에 없었겠지요?

재능이 많은 아폴론은 맡은 일도 많았어요. 빛과 태양의 신이면서 진실과 예언, 궁술, 의술, 역병, 그리고 음악과 시의 신이기도 했지요. 누구보다도 강했던 아폴론은 사랑의 신 에로스가 들고 있는 활을 보고 그렇게 조그만 활로 뭘 할 수 있겠냐며 비웃었어요. 아폴론의 활 솜씨는 백발백중이었거든요. 화가 난 에로스는 황금 화살로 아폴론을 쏘고 납 화살로는 숲의 님프 다프네에게 쏘았어요. 아폴론은 다프네에게 불타는 사

랑을 느꼈지만, 납 화살을 맞은 다프네는 아폴론을 피해 다녔어요. 아폴론에게 붙잡힐 위기에 처한 다프네는 강의 신, 페네이오스에게 도움을 청했고 결국 월계수 나무로 변했답니다. 어쩔 수 없이 다프네를 포기한 아폴론은 그 후, 머리에 월계수 가지를 엮은 관을 쓰고 다녔어요. 델포이에서는 4년에 한 번씩 아폴론에게 바치는 운동경기가 열렸는데 우승자에게는 역시 월계관을 준답니다.

목동과 나그네의 수호신, 헤르메스

✱ 로마 이름 메르쿠리우스 ✱ 직함 신들의 전령
✱ 세대 올림포스
✱ 상징 날개 달린 샌들, 날개 달린 모자, 숫양

헤르메스는 제우스와 님프 마이아의 아들이에요. 태어난 지 얼마 되지도 않은 아기 헤르메스는 몰래 요람을 빠져나가 아폴론의 소떼들을 보았어요. 헤르메스는 마술을 부려 소들의 발굽 자국을 반대로 바뀌게 만든 후 오십 마리의 소를 끌고 갔지요. 그리고 그중 두 마리를 신들에게 제물로 바친 후 다시 요람 안으로 기어들어 갔어요. 헤르메스의 장난을 눈치를 챈 아폴론은 헤르메스를 찾아갔지만, 헤르메스는 아기가 어떻게 그런 일을 저지르느냐며 뻔뻔하게 시치미를 떼었어요. 화가 난 아폴론은 헤르메스를 제우스 앞에 데리고 가 심판을 받게 하고 제우스는 헤르메스에게 당장 소를 돌려주라고 했어요. 아폴론에게 미움을 받고 싶지 않았던 헤르메스는 거북의 등딱지로 하프를 만들어 아름다운 연주를 들려주고 선물로 하프까지 주었지요. 예술의 신 아폴론은 헤르메스를 용서해 주었어요.

헤르메스는 악동이라 불릴 만큼 장난이 심했지만 그를 사랑하지 않은 신은 없었어요. 질투의 신 헤라조차도 헤르메스를 매우 귀여워했답니다. 자기가 낳은 아들이 아닌데도 말이죠. 제우스는 재치 넘치는 헤르메스를 비서로 임명했어요. 골치 아픈 일들은 모두 헤르메스가 처리하게 시켰죠. 그중에서도 가장 중요한 일은 죽은 자의 영혼을 저승까지 안내하는 일이었답니다. 헤르메스는 하데스의 지하 세계로 갈 수 있는 유일한 신이었지요. 솜씨 좋은 헤파이스토스는 이승과 저승을 바쁘게 돌아다니며 일을 해야 하는 헤르메스를 위해 모습을 감출 수 있는 모자와 날개 달린 샌들을 만들어 주었어요. 또 헤르메스에게는 사람들을 잠재우는 힘을 지닌 마법의 지팡이 케리케이온까지 있었지요. 그만큼 할 일이 많았거든요.

전쟁의 신, 아레스

✷ 로마 이름 **마르스**
✷ 직함 **전쟁의 신**
✷ 세대 **올림포스**
✷ 상징 **창과 칼**

아레스는 제우스와 헤라 사이에서 낳은 첫아들이에요. 완벽한 왕가의 첫 번째 왕자였지요. 잘생긴 외모에 창을 던지는 솜씨가 뛰어난 데다 전차까지 모는 아레스에게 제우스와 헤라는 큰 기대를 했어요. 하지만 공격적이고 잔인한 데다 마음씨가 나쁜 아레스는 부모의 기대를 저버렸지요. 아레스가 가는 곳에서는 언제나 싸움과 미움이 가득했거든요. 결국, 제우스와 헤라마저 아레스에게 등을 돌렸어요. 그리스 신화에서 전쟁을 담당하는 신

은 아레스와 아테나 둘이지요. 하지만 그 둘은 완전히 다른 성격의 신이었어요. 사람들을 지키고 전쟁에서의 지혜와 분별을 중시했던 아테나와 달리 아레스는 단순히 사람을 죽이고 파괴하는 무섭고 잔인한 신이었으니까요.

얼굴은 잘생겼지만 난폭하고 괴팍한 성질 때문에 아레스는 신과 인간 그 어느 쪽에서도 환영받지 못했어요. 게다가 전쟁의 신임에도 번번이 지는 싸움을 했지요. 트로이와 그리스 연합군이 맞서 싸운 트로이 전쟁이 일어나자, 아레스는 트로이의 편에서 싸우고 아테나는 그리스 연합군의 편에서 전쟁에 참여했어요. 처음에는 아레스가 속한 트로이가 이기는 듯했지만, 아테나가 그리스 투사 디오메데스와 함께 아레스를 공격하자 결국 아레스는 창에 찔려 도망가고 말았답니다. 또 신들의 권위에 도전하는 알로아다이들을 막으려다 오히려 열세 달 동안이나 청동 항아리에 갇히기도

했지요. 물론 매번 진 것은 아니에요. 올림포스 신들과 기간테스 사이에서 벌어진 전쟁에서는 승리를 거두기도 했지요.

전쟁과 지혜의 여신, 아테나

* 로마 이름 미네르바
* 직함 전쟁과 지혜의 여신
* 세대 올림포스
* 상징 올리브 나무, 방패, 올빼미, 뱀, 창

　헤라는 제우스의 정식 아내였지만 사실 첫 번째 아내는 아니에요. 제우스는 메티스라는 님프와 처음 결혼했답니다. 메티스가 임신을 하자 가이아와 우라노스는 제우스에게 무서운 예언을 했어요. 메티스는 딸과 아들을 낳을 것인데 그 아들이 제우스를 이길 것이라고 말이에요. 사실 제우스도 아버지 크로노스를 이기고 왕이 된 거잖아요. 그러니 제우스가 얼마나 두려웠겠어요. 그래서 제우스는 임신한 아내 메티스를 삼켜버리고 말았어요. 제우스 안에 있던 메티스의 아이는 무럭무럭 자랐어요. 어느 날, 제우스는 배가 터질 것 같고 너무나 머리가 아팠어요. 고통에 몸부림치던 제우

스를 위해 헤파이스토스는 큰 도끼로 내리쳤어요. 그러자 제우스의 머릿속에서 투구와 갑옷, 창과 방패를 든 여신 아테나가 튀어나왔답니다. 이미 제우스의 안에서 다 자란 아테나는 제우스를 보며 자신이 누구인지 밝혔어요.

　제우스는 지혜롭고 강한 아테나가 마음에 쏙 들었어요. 모든 신들은 지혜의 여신 아테나의 특별한 탄생을 축하했고 아테나는 올림포스의 신이 되었지요. 아테나는 지혜의 여신이자 전쟁의 여신이었어요. 무섭고 난폭한 아레스와 달리 지혜로 전쟁을 이끌어 승리의 여신 니케와 함께 다녔어요. 아테나를 항상 따라다니는 부엉이는 지혜를 상징하는 동물로 아테나의 상징이기도 해요. 또한, 어머니 메티스의 현명함을 닮아 기술의 여신, 공예의 여신으로 여성들에게 베 짜는 법을 가르치기도 했어요. 아르테미스, 헤스티아와 함께 처녀신인 아테나는 전쟁과 기술에만 관심이 있었어요. 하지만 아름다운 데다 지혜롭고 능력 있는 아테나는 인기가 많았지요. 그리스 수도의 이름을 아테나에서 따서 아테네로 지은 것만 봐도 아테나가 얼마나 사람들에게 사랑받았는지 알 수 있지요.

대장장이의 신, 헤파이스토스

✱ 로마 이름 불카누스　✱ 직함 대장장이의 신
✱ 세대 올림포스　✱ 상징 불, 망치, 모루, 대장간, 풀무

　제우스가 많은 여신들과 님프들에게서 아이들을 낳자 헤라는 화가 났어요. 그러다 제우스가 자신의 이마에서 아테나까지 낳게 되자 견딜 수 없이 화가 난 헤라는 자신도 스스로 아이를 낳기로 결심하지요. 제우스의 첫아들 아폴론보다 더 뛰어난 아들을 낳고 싶었던 헤라는 헤파이스토스를 낳았어요. 하지만 자신의 기대와는 달리 못생긴 데다 다리까지 뒤틀리고 쪼글쪼글하자 헤라는 견딜 수 없었어요. 결국, 헤라는 불쌍한 아기를 올림

스산에서 던져버렸답니다. 영원히 이곳에서 볼 수 없기를 바라면서 말이에요. 바다에 빠진 아기를 바다의 요정 테티스가 발견했어요. 마음씨 착한 테티스는 아기를 보살폈고 덕분에 헤파이스토스는 잘 자라났어요. 비록 절름발이에 못생기긴 했지만, 헤파이스토스에게는 뛰어난 재능이 있었어요. 어떤 재료라도 그의 손을 거치기만 하면 멋진 물건으로 다시 태어났지요.

헤파이스토스가 만들지 못하는 물건은 아무것도 없었어요. 대장장이의 신답게 그의 솜씨는 누구도 따라올 수 없었지요. 못생긴 절름발이라고 모두 놀려댔지만 모두 헤파이스토스를 찾아와 필요한 것을 만들어달라고 부탁했어요. 제우스마저 헤파이스토스를 찾아와 부탁할 정도였답니다. 올림포스 신들은 모두 헤파이스토스를 소중히 여기고 존경했어요. 사실 신들을 상징하는 물건들은 대부분 헤파이스토스가 만든 것이었지요. 신들의 궁전부터 장신구, 갑옷과 무기 모두 헤파이스토스의 작품이거든요. 제우스의 번개, 포세이돈의 삼지창, 아테나의 방패 아이기스, 아폴론과 아르테미스의 활과 화살 등 일일이 셀 수 없을 정도예요. 미의 여신 아프로디테와 정식으로 결혼한 사이였지만 사실 헤파이스토스가 정말 사랑했던 건 아테나였어요. 안타깝게도 처녀신인 아테나는 남자에게 관심이 없었기 때문에 헤파이스토스의 청혼을 거절했지요.

하데스는 죽은 사람만이 가는 저승 세계를 지배하는 신이에요. 제우스의 형제로 티탄족들과의 전쟁에서 이긴 후 지하세계를 다스리는 권한을 얻었지요. 지하세계에 머물다 보니 올림포스의 12신에는 들어가지 않지만, 올림포스 세대에 없어서는 안 될 중요한 신이랍니다. 무서운 표정에 가혹하고 냉정한 신이긴 하지만 악마 같은 신은 아니에요. 저승세계는 우리가 생각하는 지옥과는 달리 죄를 짓거나 벌을 받아서 가는 곳이 아니라 단지 죽었기 때문에 가는 곳이니까요. 그런데도 하데스는 신과 인간들로부터 미움을 받을 수밖에 없었어요. 하데스가 다스리는 지하세계는 일단 들어가기만 하면 그 누구도 다시는 나올 수 없는 곳이었거든요. 하데스는 엄격하기로 유명해 아무리 애원하고 매달려도 절대로 지하세계의 규칙에 예외를 두지 않았어요.

하데스는 지하세계에 조용히 있는 것을 좋아하지만 딱 두 번 바깥세상으로 나온 적이 있어요. 한 번은 데메테르의 딸 페르세포네를 납치하기 위해서, 또 한 번은 헤라클레스의 공격을 받은 포세이돈의 두 아들을 돕기 위해서이지요. 이때 하데스는 헤라클레스의 화살에 어깨를 맞아 상처를 입어요. 그래서 올림포스 신전으로 가 신들의 의사인 파이온에게 치료를 받지요.

하데스가 다스리는 지하세계에는 다섯 개의 강이 있어요. 죽은 자들은

슬픔의 강 아케론과 탄식의 강 코키토스를 건너며 죽음을 슬퍼하고 탄식했어요. 그다음 불의 강 플레게톤에서 영혼을 깨끗하게 하고 망각의 강 레테에서 이승에서의 기억을 완전히 잊게 되어요. 마지막으로 증오의 강인 스틱스를 지나 죽음의 세계로 들어가게 되지요. 스틱스강을 두고 한 맹세는 인간은 물론 제우스조차도 결코 어길 수 없는 강력한 힘을 지니고 있답니다.

인간을 만든 프로메테우스

* 구분 티탄
* 직함 인간을 창조한 신, 인류의 아버지

'먼저 생각하는 사람'이란 이름의 프로메테우스는 티탄족인 이아페토스의 아들이에요. 인간들에게 관심이 없던 다른 신들과는 달리 프로메테우스는 인간을 위한 신이었지요. 동생 에피메테우스와 함께 인간들에게 세상을 사는데 필요한 능력을 가르쳐주던 프로메테우스는 인간이 동물보다 뛰어나도록 불을 가져다주었어요. 다른 동물들과 싸워 이길 수도 있고 도구를 만들어 농사를 짓고 추위에 떨지 않아도 되기에 불은 인간에게 없어서는 안 될 존재였지요. 그러나 프로메테우스가 불을 훔쳐 인간들에게 준 사실을 안 제우스는 화가 났어요. 프로메테우스의 도움으로 인간이 더는 신들을 경배하지 않고 제 잘난 맛에 사는 것이 싫었거든요. 결국, 제우스는 코카서스 산의 바위에 프로메테우스를 묶어두고 독수리가 그의 간을 쪼아대게 했어요. 신이었던 프로메테우스는 영원히 죽지 않았기에 매일 그 고통을 겪어야만 했답니다.

그것으로도 분이 풀리지 않은 제우스는 헤파이스토스를 시켜 가장 아름다운 여자를 만들게 하고 그 이름을 '판도라'라고 지었어요. 그때까지 인간 세상에는 여자라는 존재가 없었거든요. 제우스는 판도라를 프로메테우스의 동생 에피메테우스에게 보냈지요. 아프로디테에게는 아름다움을, 헤르메스에게는 뛰어난 말솜씨를, 아폴론에게는 음악을 선물 받은 판도라를 보고 에피메테우스는 한눈에 반해 결혼했어요. 이미 제우스의 속셈을 알아챈 프로메테우스는 동생에게 절대 판도라와 결혼하지 말라고 당부했지만 소용없는 일이었지요. 에피메테우스의 집안에는 상자가 하나 있었는데 이 상자 안에는 인간 세상의 온갖 나쁜 것들이 다 담겨 있었어요. 절대로 열어서는 안 된다고 했지만, 호기심이 생긴 판도라는 그것을 열고 말았어요. 그러자 그 안에 있던 고통, 질병, 질투, 복수, 원한 등이 튀어나와 사방에 퍼졌답니다. 놀란 판도라가 얼른 뚜껑을 덮었지만, 인간에게 불행을 주는 것은 이미 모두 빠져나간 후였어요. 딱 한 가지만이 상자 안에 남아있었는데 그것이 바로 '희망'이랍니다.

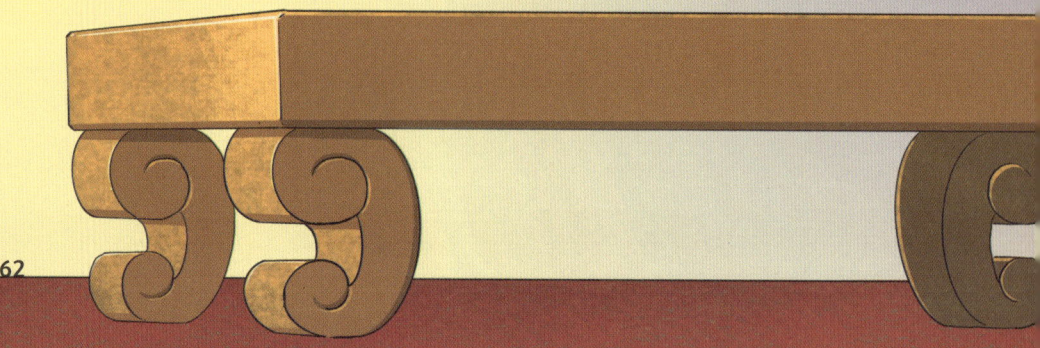

사랑의 신, 에로스

✷ **로마 이름** 쿠피도
✷ **직함** 사랑의 신
✷ **세대** 태고, 아프로디테와 아레스의 아들

에로스는 카오스 상태에서 생겨난 최초의 신 가이아와 함께 나타난 고대의 신 중 하나로 전해지고 있어요. 하지만 아프로디테와 아레스의 아들로 더 잘 알려졌지요. 사랑과 미의 여신인 아프로디테를 이어 에로스 역시 사랑의 신으로 활동했어요. 에로스에게는 황금과 납으로 만든 두 개의 화살이 있었어요. 황금 화살을 맞은 사람이나 신은 사랑에 빠지게 되지만 납 화살을 맞은 쪽은 그 사랑을 거부하게 되었어요. 일단 에로스의 화살에 맞으면 아무리 대단한 신이라도 사랑의 열병을 앓을 수밖에 없었답니다.

태양의 신 아폴론이 다프네를 사랑하게 된 것도 에로스의 화살 때문이었지요. 에로스의 어머니인 아프로디테 역시 화살의 힘을 피할 수 없었어요. 사냥꾼 아도니스를 사랑하게 되었으니까요. 또 페르세포네를 사랑해서 지하세계까지 데려간 하데스 역시 에로스의 화살에 맞았기 때문이에요.

프시케가 자신보다 더 아름답다는 말에 화가 난 아프로디테는 에로스에게 프시케를 세상에서 가장 못생긴 남자와 사랑에 빠지게 하라는 명령을 내렸어요. 하지만 프시케에게 다가간 에로스는 프시케를 보고 사랑에 빠졌지요. 그로 인해 아무에게도 사랑받지 못하던 프시케는 신들의 예언으로 산꼭대기에 올라가 누군지도 모를 신과 결혼을 하게 된답니다. 비록 얼굴은 볼 수 없었지만, 남편이 된 신은 밤마다 찾아와 프시케를 사랑해주었어요. 그러면서 절대 자신의 얼굴을 보지 말라고 당부했어요. 하지만 프시케는 언니들의 꾐에 빠져 결국 남편의 얼굴을 확인했지요. 남편은 바로 에로스였어요. 약속을 지키지 않은 프시케에게 실망한 에로스가 떠나자 프시케는 아프로디테를 찾아가 온갖 어려움을 겪으며 그녀가 내준 숙제를 해냈어요. 그러나 페르세포네에게 얻어온 아름다움을 몰래 열어본 죄로 깊은 잠에 빠졌지요. 이를 알게 된 에로스는 제우스를 찾아가 애원하고 결국 둘은 사랑을 이루게 되었어요. 인간이었던 프시케도 에로스처럼 영원한 신이 된 것이지요.

메두사를 무찌른 영웅, 페르세우스

✽ **구분** 영웅, 미케네의 왕
✽ **상징** 괴물의 퇴치자, 구원자

아르고스의 왕 아크리시오스는 왕위를 이을 왕자가 없어 고민이었어요. 그때 신에게서 자신의 딸 다나에가 낳은 아들, 즉 외손자에 의해 죽을 것이란 예언을 받지요. 두려워진 왕은 다나에를 높은 청동 탑에 가두고 아무도 만날 수 없게 했어요. 그러나 다나에를 좋아했던 제우스는 황금비로 변신해 다나에에게 접근하고 둘 사이에서는 페르세우스가 태어났답니다. 왕은 다나에와 페르세우스를 상자에 넣어 바다에 던져 버렸지만, 제우스의 부탁을 받은 포세이돈의 보호로 상자는 세리포스 섬에 도달했어요.

　세리포스 섬의 왕 폴리덱테스는 다나에와 결혼하려 했지만, 어른이 된 페르세우스 때문에 쉽지 않았지요. 결국, 폴리덱테스는 페르세우스를 없애기 위해 메두사의 머리를 가져오라는 임무를 내었어요.

　메두사의 모습을 직접 본 사람은 돌로 변하기에 페르세우스는 아테나 여신의 도움으로 청동 방패를 이용해 메두사의 목을 베는 데 성공했답니다. 임무를 완수한 페르세우스는 어머니에게 돌아가던 중 한 여인이 해변의 바위에 쇠사슬로 묶여있는 것을 보았어요. 바로 에티오피아의 왕 케페우스의 딸 안드로메다였지요. 안드로메다는 어머니 카시오페이아의 거만함 때문에 바다 괴물의 제물로 바쳐질 운명에 처한 것이었어요. 그러나 안드로메다의 아름다움에 반한 페르세우스는 바다 괴물과 싸워 결국 안드로메다를 구출했어요. 둘은 결혼을 하기로 했지만, 결혼식장에 안드로메다의 약혼자인 피네우스가 찾아와 난동을 부렸어요. 약혼자가 바다 괴물에 잡혔을 때는 비겁하게 가만히 있던 피네우스에게 페르세우스는 메두사의 머리를 내밀었어요. 메두사의 모습을 본 피네우스는 돌로 변했고 페르세우스와 안드로메다는 결혼하여 행복하게 살았답니다.

최고의 영웅, 헤라클레스

✳ 원래 이름 알케이데스
✳ 구분 영웅, 신
✳ 세대 올림포스
✳ 상징 힘, 용기, 지혜, 사내다움, 사자 가죽, 몽둥이

미케네 왕족 암피트리온의 아내, 알크메네의 아름다움에 반한 제우스는 암피트리온으로 변신하여 알크메네에게 다가갔어요. 얼마 뒤, 알크메네는 제우스의 자손인 쌍둥이를 낳았고 그중 하나가 바로 헤라클레스였지요. 이를 알게 된 헤라는 화가 나서 어린 헤라클레스가 자는 침대에 무시무시한 독사 두 마리를 넣었어요. 하지만 겨우 태어난 지 열 달밖에 되지 않았던 헤라클레스는 맨손으로 독사 두 마리를 때려잡았어요. 상상할 수 없을 정도의 힘을 지닌 헤라클레스를 위해 암피트리온은 유명한 선생님들을 불러 교육했지요. 그러던 어느 날 헤라클레스는 그만 실수로 선생님을 죽이게 되고 암피트리온은 그런 헤라클레스를 산으로 보냈답니다. 이곳에서 헤라클레스는 두 명의 님프를 만나 쾌락과 미덕 중 어느 것을 인생의 목적으로 택할지 결정해야 했어요. 헤라클레스는 미덕을 골랐지요.

천하장사인 헤라클레스를 막을 사람은 아무도 없었지만, 그의 삶에 자꾸만 훼방을 놓는 신이 있었으니 바로 헤라였어요. 헤라클레스가 못마땅한 헤라는 그의 정신을 흔들어 놓아 헤라클레스가 자신의 아내와 아이들을 죽이게 했답니다.

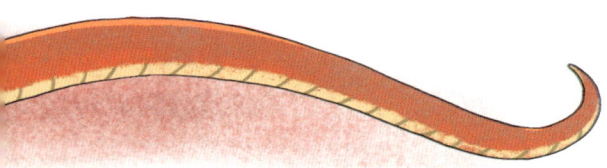

아테나의 도움으로 정신을 차린 헤라클레스는 델포이로 갔어요. 원래 이름이 알케이데스였던 그는 델포이 신전에서 헤라클레스라는 이름을 받았어요. 헤라클레스란 '헤라의 영광'이란 뜻이에요. 헤라클레스는 신에게서 앞으로 그의 사촌 에우리스테우스의 부하가 되어 열두 가지의 어려운 과제를 해내야 한다는 말을 들었어요. 그 어려운 열두 가지 과제를 무사히

마쳤지만 헤라는 여전히 헤라클레스를 괴롭혔어요. 견디다 못한 헤라클레스는 스스로 장작더미를 쌓고 불을 붙였지요. 하지만 그의 죽음을 안타까워한 신들이 헤라클레스를 영원한 신으로 만들어 주었어요. 결국, 헤라 역시 헤라클레스를 받아들였고 헤라클레스는 헤라의 딸 헤베와 결혼하게 되었답니다.

트로이 전쟁의 영웅, 오디세우스

✷ **로마 이름** 울릭세스 ✷ **구분** 영웅, 이타카의 왕
✷ **상징** 지략, 교활, 모험, 불굴의 의지

그리스 신화 속 꾀보를 꼽자면 단연 오디세우스를 들 수 있어요. 이타카의 왕자였던 오디세우스는 아내 페넬로페를 만나 행복하게 살고 있었어요. 그러던 중, 트로이 전쟁이 일어나고 오디세우스 역시 전쟁에 참가해야만 했어요. 꾀돌이 오디세우스는 군대에 가기 싫어 미친 척을 했지만 결국 들통나 트로이 전쟁에 참가했어요. 전쟁에서도 오디세우스는 꾀를 내어 목마를 만들었고 결국 트로이 목마를 이용하여 그리스군은 승리하게 되지요. 10년간의 긴 전쟁을 끝내고 고향으로 돌아가려 했지만, 오디세우스가 돌아가는 길은 험난하기만 했어요. 키클롭스 족인 폴리페모스가 사는 섬에 들어갔다가 그의 동굴에 갇히게 되거든요. 자신의 부하들을 잡아먹는 폴리페모스를 죽이면 동굴에서 영영 나갈 수가 없었기에 오디세우스는 이러지도 저러지도 못할 상황이었어요. 그러나 꾀쟁이 오디세우스는 포도주를 폴리페모스에게 먹인 후 그의 하나뿐인 눈을 찔러 장님을 만든 뒤 그가 나갈 때 몰래 따라 나갔어요.

간신히 동굴을 빠져나간 오디세우스는 마녀 키르케의 섬에서 1년간 지낸 뒤 고향으로 다시 떠났어요. 세이렌의 섬을 지나게 되자 오디세우스는 키르케가 미리 알려준 대로 세이렌의 위험한 노래를 피하려고 부하들의 귀를 밀랍으로 막지요. 하지만 호기심은 많은 오디세우스는 그 노래가 듣고 싶어 자신의 귀는 막지 않고 대신 부하들에게 자신을 배에 꽁꽁 묶어달라고 했답니다. 또 한 번 꾀를 내 위기에서 벗어난 오디세우스는 무사히 세이렌의 섬을 빠져나왔어요. 그 후에도 여러 위기에서 빠지지만, 그때마다 오디세우스는 꾀를 내어 물리치고 무사히 고향으로 돌아오게 되었어요. 자신의 정체를 감추고 거지꼴로 고향 이타카에 돌아온 오디세우스는 아내 페넬로페에게 결혼하자고 조르는 많은 남자들을 혼내준 뒤 사랑하는 아내와 다시 행복하게 살게 되었답니다.

포도주의 신, 디오니소스

* **로마 이름** 바카스
* **직함** 포도주의 신, 다산과 풍요의 신, 기쁨과 광란, 황홀경의 신
* **세대** 올림포스
* **상징** 표범, 호랑이, 포도, 포도 넝쿨, 티르소스 (지팡이), 팀파논 (악기)

　디오니소스에게는 '어머니가 둘인 자'란 별명이 있어요. 디오니소스의 아버지는 제우스, 어머니는 인간인 세멜레이지요. 세멜레가 배 속에 디오니소스를 임신하자 화가 난 헤라는 세멜레의 유모로 변신해 세멜레를 찾아갔어요. 변신한 헤라를 알아보지 못한 세멜레는 자신이 제우스와 사랑하는 사이라고 말했고 그 말을 들은 헤라는 세멜레에게 제우스의 진짜 모습을 보아야만 믿을 수 있다고 했지요. 사실 인간인 세멜레가 신인 제우스의 진짜 모습을 볼 수는 없었어요. 하지만 세멜레는 헤라에게 속아 제우스에게 부탁했고 세멜레의 소원을 들어주기로 이미 스틱스강에 맹세한 제우스는 어쩔 수 없이 자신의 모습을 드러냈어요. 제우스의 진짜 모습을 본 순간 세멜레는 너무나 빛나는 그의 모습에 그만 타죽고 말았어요. 제우스는 세멜레의 배 속에 있던 아기를 얼른 꺼내어 자신의 허벅지에 넣고 꿰매었어요. 아기까지 죽일 순 없으니까요. 그렇게 남은 산달을 제우스의 허벅지에서 자라 태어난 아기가 바로 디오니소스랍니다.

디오니소스에게는 스승이자 양아버지인 실레노스가 있었는데 그는 늘 술에 취해 있었어요. 여느 때처럼 실레노스가 술에 취해 쓰러져있자 그 나라의 왕인 미다스는 그가 디오니소스 신의 스승임을 알아보고 정성껏 돌보았어요. 이 일을 알게 된 디오니소스는 미다스 왕에게 고마움의 표시로 무슨 소원이든 들어주겠다고 했지요. 미다스 왕은 손이 닿는 것마다 황금으로 변하게 해달라고 했어요. 디오니소스는 좀 더 현명한 선택을 하라고 조언했지만, 미다스 왕은 고집을 꺾지 않았어요. 할 수 없이 디오니소스는 그 소원을 들어주었어요. 처음에 미다스 왕은 너무나 신이 났어요. 나무도, 돌도, 사과도 만지기만 하면 번쩍이는 황금으로 변했으니까요. 하지만 그 기쁨은 이내 후회로 변했어요. 모두 황금으로 변하는 탓에 먹을 수도 마실 수도 없었거든요. 자신의 욕심이 화를 불러 일으켰음을 안 미다스는 후회하며 디오니소스에게 다시 빌었어요. 자비로운 디오니소스는 미다스에게 강에 가서 씻고 나면 그 능력이 없어질 것이라 했지요. 정말 다행이죠?

불과 화로의 신, 헤스티아

* 로마 이름 베스타
* 직함 불과 화로의 신
* 세대 올림포스
* 상징 화로, 불

헤스티아는 제우스의 누이로 크로노스와 레아 사이에서 태어났어요. 자신의 왕위를 자식에게 뺏길까 두려웠던 크로노스는 레아가 낳은 자신의 아이들을 모두 삼켜버렸지요. 헤스티아는 크로노스와 레아의 첫 번째 아이로 제우스가 꺼내줄 때까지 크로노스의 캄캄한 배 속에 있었답니다. 제우스 덕분에 세상으로 다시 나온 헤스티아는 평화를 사랑하고 다툼을 멀리하는 자애롭고 너그러운 성격을 지녔어요. 이런 헤스티아를 아폴론과 포세이돈은 결혼해달라고 졸랐지요. 그러자 자신 때문에 싸움이 날까 봐 두려워진 헤스티아는 영원히 처녀로 순결을 지키겠다고 발표했어요. 자칫 전쟁으로까지 이어질 뻔 한 일을 헤스티아가 순결을 맹세함으로써 막았기에 제우스는 헤스티아에게 순결을 지킬 권리를 주었답니다. 이렇게 해서 헤스티아는 아프로디테, 아르테미스와 더불어 3대 처녀신이 된 것이지요.

평화를 위해 애쓴 헤스티아에게 제우스는 인간이 신에게 바치는 제물을 가장 먼저 받을 권한을 주었어요. 또한, 인간의 가정과 신들의 신전에서 숭배받는 영예도 함께 주었지요. 헤스티아는 불과 화로의 신이지만 가정을 지키는 신이기도 해요. 옛날 그리스에서 화로는 가정의 중심이었거든요. 화로에 담긴 불씨는 가사를 하는 데 있어서 필수품이었기 때문이지요. 인간이 생활하는 데 없어서는 안 되는 것이 바로 불인데 옛날에는 불을 지피기가 쉽지 않았기에 불씨와 불씨를 담는 화로는 매우 소중한 것이었어요. 특히 각 집 안에 있는 화로는 집

안을 지켜주는 수호자 역할을 했고 가정 안에서 이루어지는 제사 역시 화로에서 이루어졌어요. 그래서 헤스티아는 여기저기 돌아다니는 다른 신들과는 달리 가정에서 화로를 지키는 일에 최선을 다했답니다.

별자리 이야기

예로부터 동양에서는 음력을 기준으로 하여 그 해를 담당하는 12가지 동물을 통해 운세를 점쳐보았어요. 이와 달리 서양에서는 양력을 기준으로 12가지 별자리를 이용하여 점을 치곤 한답니다. 태어난 날에 해당하는 12가지 별자리를 황도 12궁이라 부르지요. 황도(黃道)는 하늘에서 태양이 한 해 동안 지나는 길로, 지구의 공전 지구가 태양을 중심으로 일 년에 한 바퀴씩 서쪽에서 동쪽으로 도는 현상에 의해 생겨요. 황도 12궁은 그리스의 천문학자 히파르코스가 기원전 약 130년경에 하늘의 별자리를 12등분 하여 나눈 것으로, 대체로 태양은 한 달에 한 궁씩 지나간답니다.

봄철의 별자리

사자자리 7/23 ~ 8/22

★ **별자리 성격**: 밝고 화려하여 천성적으로 타고난 아이돌

헤라클레스가 에우리테우스 왕에게 받은 열두 가지 과제 중 첫 번째 과제는 '네메아의 사자'를 물리치는 일이에요. 아르고스에서 멀지 않은 네메아라는 골짜기에는 무시무시한 사자 한 마리가 살고 있었지요. 헤라 여신이 기르다 사람들을 벌주기 위해 내려보낸 사자로 네메아 사람들은 오랫동안 이 사자에게 시달려 왔답니다. 헤라클레스가 활을 쏘고 창을 던졌지만 어떤 것도 통하지 않았어요. 사자는 헤라클레스에게 공격을 받을 때마다 동굴로 도망쳤지요. 동굴의 입구는 사실 2개로, 각각 따로 있다는 사실을 알게 된 헤라클레스는 커다란 바위로 동굴의 한쪽 입구를 막았어요. 그리고 동굴로 들어가려던 사자의 머리를 몽둥이로 때렸어요. 사자는 얼른 다른 쪽 입구로 달려갔지만 이미 막힌 뒤였어요. 사자와 헤라클레스는 결투하다가 동굴로 들어갔고 한 달이 되도록 나오지 않았어요. 한 달 뒤, 헤라클레스는 죽은 사자를 어깨에 메고 나왔습니다. 결국, 헤라클레스의 승리로 끝이 난 것이지요.

제우스는 이 사자를 가엾게 여겨 하늘로 사자의 영혼을 불렀어요. 그런 뒤 밤하늘의 별로 만들어 주었지요. 이것이 바로 '사자자리'랍니다.

봄철의 별자리

처녀자리 8/23~ 9/22

★ **별자리 성격**: 정의감이 강한 사람

처녀자리를 뜻하는 신화 속 인물은 바로 제우스와 데메테르의 딸인 페르세포네예요. 아름다운 얼굴뿐 아니라 마음씨까지 고운 페르세포네를 본 하데스는 한눈에 사랑에 빠지고 말았어요. 하데스는 페르세포네를 유혹하기 위해 땅 위에 향기로운 꽃 한 송이를 피게 하지요. 그 향기에 반해 꽃을 꺾은 페르세포네는 결국 지하 세계에 있는 하데스의 궁전으로 가게 된답니다. 페르세포네를 완전히 지하 세계 사람으로 만들기 위해 하데스는 석류 한 알을 그녀에게 먹였어요. 지하 세계의 음식을 조금이라도 먹은 사람은 영원히 지하 세계에 남아야 하기 때문이지요. 비록 페르세포네를 납치하긴 했지만, 하데스는 사랑하는 아내 페르세포네를 위해서라면 무엇이든 다 해주었어요. 그래서 부족할 게 없었지요. 하지만 페르세포네는 가끔씩 지상의 햇살과 꽃향기, 싱그러운 풀밭을 그리워했어요. 무엇보다도 사랑하는 딸을 잃은 데메테르의 슬픔은 말할 수 없었지요. 이 모습을 차마 못 본 척할 수 없었던 제우스의 도움으로 페르세포네는 일 년의 3분의 1은 지하 세계에서, 나머지는 지상에서 어머니 데메테르와 지내게 되어요. 봄이 되면 동쪽 하늘로 떠오르는 '처녀자리'는 바로 지하 세계에서 어머니 데메테르를 만나러 지상으로 올라오는 페르세포네의 모습이에요. 왼손에는 보리 이삭을, 오른손에는 월계수 잎을 쥐고 있는 모습이지요.

제우스의 아버지이자 티탄족의 왕 크로노스가 세상을 지배하던 때를 '금의 시대'라고 해요. 그때는 신과 사람이 땅 위에서 함께 어울려 지냈어요. 악한 사람이 없어 모두 행복하고 평화로웠지요. 그러나 페르세포네와 데메테르로 인해 겨울이 생겨나면서부터 사람들은 먹을 것을 얻기 위해 열심히 일해야만 했어요. 농업이 시작된 것이지요. 그러다 보니 서로 더 많은 것을 갖기 위해 욕심이 생겨나고 다툼이 생기기 시작했어요. 사람들의 변한 모습을 보고 실망한 신들은 하늘로 올라가 버리게 되는데 이때를 '은의 시대'라고 한답니다. 하지만 제우스와 티탄 신인 테미스 사이에서 태어난 정의의 여신 아스트라에아만은 사람들 사이에 남아 땅에서 그들과 함께 살며 정의를 가르쳤어요. 사람들 사이에서 다툼이 생기면 자신이 가진 저울 천칭 위에 싸움을 한 사람들을 올려놓고 옳고 그름을 가려 주었지요. 옳은 사람을 태운 접시는 올라가고, 그른 사람들을 태운 접시는 내려갔답니다. 그녀의 이런 노력에도 인간의 악한 행동이 더욱 심해지는데 이때를 '동의 시대'라고 해요. 결국, 아스트라이아도 사람들의 악행을 견디지 못하고 하늘로 돌아가고 말아요. 인간의 선과 악을 재는데 사용했던 천칭은 아스타리에아를 기리기 위해 하늘로 올라가고 이것이 바로 '천칭자리'가 되었답니다.

큰곰자리/작은곰자리

봄철의 별자리

아르테미스를 섬기는 님프 칼리스토는 한 마리 사슴처럼 날쌔고 우아 했어요. 그런 칼리스토를 본 제우스는 그녀에게 한눈에 반하고 말지요. 어떻게 해야 칼리스토에게 다가갈 수 있을까를 고민하던 제우스는 아르

테미스로 변신해 칼리스토를 찾아갔고 그 사실을 몰랐던 님프 칼리스토는 제우스와 사랑을 나누게 되어요. 그런 뒤, 제우스의 아들 아르카스를 낳았답니다. 이 사실을 안 아르테미스는 불같이 화를 내며 그녀를 곰으로 변신시켜 쫓아버려요. 곰으로 변한 칼리스토는 아들 아르카스를 남겨 둔 채 숲을 떠돌지요. 어느 날, 늠름한 사냥꾼이 된 아르카스는 숲을 헤매다 커다란 곰 한 마리를 발견하게 되지요. 바로 어머니 칼리스토였지요. 칼리스토는 아르카스를 단번에 알아보지만, 아르카스가 이 사실을 알 리가 없지요. 아들을 만난 기쁨에 달려오는 곰 칼리스토가 자신을 공격한다고 생각한 아르카스는 손에 든 창을 던지고 말아요. 하늘에서 이 모습을 본 제우스는 재빨리 손을 썼어요. 아들의 손에 어머니가 죽는 끔찍한 일을 두고 볼 수는 없었으니까요. 제우스는 회오리바람을 일으켜 아르카스를 곰으로 변신시킨 뒤 두 마리의 곰을 밤하늘의 별로 만들었어요. 칼리스토는 '큰곰자리', 아르카스는 '작은곰자리'가 된 것이지요. 이 사실을 안 헤라는 화가 났어요. 명예로운 자만이 차지하는 별자리를 제우스와 사랑한 여자와 자식이 차지한다니 못 견딜 지경이었지요. 대양의 신 오케아노스와 님프 테티스를 찾아간 헤라는 칼리스토와 아르카스가 일 년 내내 쉬지 않고 북쪽 하늘을 돌도록 부탁했어요. 원래 다른 별들은 하루에 한 번, 바다에 들어가 쉬거든요.

 큰곰자리의 등부터 꼬리에 있는 별 일곱 개는 우리가 잘 아는 '북두칠성'이랍니다. 또 작은곰자리의 가장 밝은 별은 아기 곰 꼬리 끝의 '북극성'이고요.

여름철의 별자리

전갈자리 10/23 ~ 11/22

★ **별자리 성격**: **치명적인 매력을 지닌 사람**

올림포스 신들이 매우 괘씸해하는 한 청년이 있었으니 그는 바로 오리온이었어요. 바다의 신 포세이돈과 고르곤 자매 중 하나인 에우리알레의 아들이었지요. 오리온은 세상에서 제일 잘난 사냥꾼이 바로 자신이라며 언제나 으스대고 다녔어요. 자기보다 사냥을 잘하는 사람은 아무도 없다며 세상에 모든 동물은 다 잡을 수 있다고 떠들고 다녔지요. 모두 다 오리온을 싫어했지만, 포세이돈의 아들이기에 그 누구도 그를 함부로 대할 수 없었어요. 거기다 거만하고 건방진 성격이기는 했지만, 매우 잘생긴 외모 덕에 여신들 중 몇몇은 오리온을 매우 사랑하기도 했어요. 새벽의 여신 에오스는 오리온을 짝사랑했고 사냥만을 좋아하던 처녀 신 아르테미스는 오리온의 연인이 되기도 했거든요. 하지만 이런 오리온을 특히 더 싫어한 여신이 있었으니 바로 헤라였어요. 오리온의 거만함을 더 두고 볼 수 없었던 헤라는 거대한 전갈 한 마리를 오리온에게 보냈어요. 어떤 동물도 다 잡을 수 있다고 큰소리치던 최고 사냥꾼 오리온도 헤라 앞에서는 당해낼 수가 없었어요. 전갈 꼬리의 독에 찔린 오리온은 결국 죽고 말았으니까요. 이 거만하고 건방진 오리온을 없앤 전갈을 기리기 위해 헤라는 그를 밤하늘로 올려주어 별자리로 만들었어요. 이것이 바로 '전갈자리'랍니다. 물론 오리온 역시 '오리온자리'가 되어 밤하늘을 빛내게 되었지요.

　동쪽 하늘에서 전갈자리가 떠오르면 오리온자리는 서쪽 지평선 너머로 사라져버려요. 별이 된 뒤에도 전갈이 무서워서 그런 거겠죠?

백조자리

여름철의 별자리

스파르타 왕인 틴다레오스의 아내인 레다의 아름다움은 인간들에게는 물론이거니와 신들 사이에서도 유명했어요. 아름다움에 약한 제우스는 레다를 만나고 싶어 고민에 빠졌지요. 사랑의 여신 아프로디테는 이런 제우스에게 좋은 방법을 일러주었어요. 어느 날 저녁, 독수리로 변한 아프로디테와 백조로 변한 제우스는 스파르타로 날아갔어요. 제우스인 백조는 레다가 앉은 창가에서 잘 보이는 호수에 우아하게 앉았지요. 그때 아프로디테인 독수리가 백조를 공격하기 시작했어요. 레다는 가엾은 백조를 품에 안았고 기회를 얻은 제우스는 레다와 사랑에 빠졌답니다. 헤라에게 들킬까 봐 두려웠던 제우스는 늘 백조로 변신해 레다를 만나러 갔어요. 제우스가 변한 이 백조의 모습이 하늘로 올라가 '백조자리'의 별자리가 된 것이랍니다. 제우스와 사랑을 나눈 레다는 두 개의 큰 알을 낳게 되었어요. 하나는 카스토르와 폴리데우케스 형제가 태어난 알이고, 다른 하나는 클리타임네스트와 헬레네가 태어난 알이지요. 카스토르와 폴리데우케스는 로마를 지키게 되고, 헬레네는 트로이 전쟁의 원인으로 알려진 최고의 미녀가 된답니다.

여름철의 별자리

궁수자리 11/23~ 12/24

★ **별자리 성격**: 신속하게 모든 일을 처리할 수 있는 능력자

케이론은 티탄족의 왕인 크로노스와 님프 사이에서 태어났어요. 상반신은 사람의 모습이지만 하반신은 말의 모습을 하고 있지요. 게다가 크로노스의 아들이라 그 역시 신이기에 절대 죽지 않았어요. 이렇게 반은 인간이고 반은 말인 종족을 반인반마 '켄타우로스'라고 부르는데 대부분의 켄타우로스가 거친 사냥꾼인 데 비해 케이론은 성품이 온순하고 지혜로웠어요. 예술의 신 아폴론과 사냥의 여신 아르테미스에게 예술과 의술, 사냥 등을 배운 케이론은 동굴에서 그리스 영웅들을 가르쳤답니다. 헤라클레스는 에우리테우스가 낸 과제 중 네 번째 과제인 에리만토스의 멧돼지를 잡으려 했어요. 멧돼지는 켄타우로스족이 사는 숲에 있었지요. 헤라클레스는 멧돼지를 잡기 위해 켄타우로스족이 준 술을 마시게 되었어요. 그런데 지도자 케이론 때문에 술을 마시지 못했던 켄타우로스 족들이 막상 술을 보자 정신을 놓고 마셨어요. 결국, 그들은 술에 잔뜩 취한 채 제우스를 비꼬았어요. 자신의 아버지를 욕하는 소리에 화가 난 헤라클레스는 그들에게 활을 쏘았고 그 활은 저 멀리 있던 케이론에게까지 날아갔답니다. 헤라클레스의 화살에는 히드라의 독이 묻어있었는데 그 독은 보통 사람이 맞을 경우 곧바로 죽을 정도로 강력했어요. 물론 불사의 몸인 케이론은 죽지 않았지만, 오히려 죽지 못해 더더욱 고통에 갇히게 되었어요. 고통을 참다못한 케이론이 제우스에게 죽음을 간청하자 제우스는 그에게 편안한 죽음을 선물했어요. 비록 케이론은 죽었지만 현명하고 지혜로운 그가 안타까웠던 제우스는 케이론을 하늘로 불러들여 별자리로 만들어 주었어요. 이것이 바로 '궁수자리(사수자리)'랍니다.

아리온은 그리스에서 제일가는 하프 연주자였어요. 그는 시실리에서 열린 음악회에서 큰 인기를 얻게 되었지요. 아리온의 음악에 깊은 감명을 받은 시실리 사람들은 그에 대한 보답으로 아리온이 돌아가는 길에 많은 보물을 선물했어요. 아리온이 이 보물들을 배에 싣고 고향으로 돌아오던 중, 그의 보물을 탐내던 뱃사람은 폭동을 일으켜 아리온을 바다에 빠뜨리려 했지요. 위험에 빠진 아리온은 그에게 마지막 소원으로 하프를 한 번만 연주할 수 있게 해달라고 애원했어요. 유명한 음악가의 연주를 들을 기회가 생긴 선원들은 아리온의 청을 허락했지요. 아리온의 애절하고도 아름다운 하프 연주는 하늘의 새와 바다의 물고기까지도 모여들게 했어요. 감동적인 연주를 마치고 아리온이 바다에 뛰어들자 바닷속 돌고래 한 마리가 아리온을 해변까지 데려다 주었답니다. 하프 연주에 감동한 돌고래에 의해 기적처럼 구출된 아리온을 기리기 위해 사람들은 청동으로 '사람을 태운 돌고래 상'을 타에하룬 사원에 세웠어요. 신들 역시 기특한 돌고래를 하늘로 올려 별자리로 만들어 주었답니다. 이것이 바로 여름밤 하늘을 빛내는 '돌고래 자리'지요.

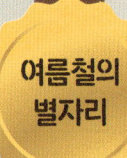

여름철의 별자리

용자리

별자리 중에는 헤라클레스와 관련된 별자리가 꽤 있어요. 용자리 역시 헤라클레스가 열두 과제를 수행하다 만들어진 별자리랍니다. 아르고스의 왕 에우리테우스가 낸 과제 중 열한 번째 과제는 헤스페리데스 님

프들이 지키는 나무의 황금 사과를 따오는 것이었어요. 그 나무는 헤라가 가이아에게 받은 결혼 선물로 오직 신들만이 갈 수 있었어요. 그리고 나무 옆에는 언제나 라돈이라는 용이 지키고 있었지요. 용은 뱀의 여신 에키드나의 아들로, 헤라클레스가 죽인 히드라와 네메아의 사자와는 형제지간이었어요. 여러모로 헤라클레스에게는 불리한 조건이 아닐 수 없었지요. 헤라클레스는 그곳으로 가기 위해 프로메테우스를 구해주어요. 인간에게 불을 준 벌로 매일 독수리에게 간을 쪼이는 형벌을 받는 프로메테우스, 기억하시죠? 프로메테우스는 그 지긋지긋한 고통에서 벗어나게 해준 헤라클레스에게 자신의 동생 아틀라스만이 나무가 있는 곳에 갈 수 있다는 비밀을 알려주어요. 헤라클레스는 무거운 하늘을 메고 있던 아틀라스에게 자기가 대신 그 하늘을 들고 있을 동안 황금 사과를 갖다 달라고 부탁하지요. 천 년 동안이나 그 무거운 하늘을 메고 있던 아틀라스는 자유의 몸이 되었다 생각하고 신이 났어요. 그러자 헤라클레스는 오른손잡이인 자신을 위해 잠시 왼쪽에 짊어진 하늘을 오른쪽으로 옮겨 달라고 부탁합니다. 헤라클레스에게 속은 아틀라스는 황금 사과를 내려놓고 하늘을 옮겨 받지요. 그때를 놓치지 않고 잽싸게 황금 사과를 들고 가버린 헤라클레스! 제우스는 자신의 아들 헤라클레스가 재치 있게 과제를 수행한 것이 기뻐 황금 사과나무를 지키던 용 라돈을 하늘로 올려 별로 만들어 주어요. 이것이 바로 '용자리'랍니다.

뱀주인자리

여름철의 별자리

뱀주인자리는 인류 최초의 의사이자 죽은 자도 되살릴 만큼 천재적인 의사 아스클레피오스의 별자리예요. 태양의 신 아폴론은 테살리아의 공주 코로니스와 서로 사랑하는 사이였어요. 아폴론은 코로니스에게 은색 까마귀를 선물하여, 까마귀가 하늘과 땅을 오가며 서로의 소식을 전했답니다. 어느 날, 까마귀는 코로니스가 다른 남자와 잘 지내는 모습을 보고 아폴론에게 날아가 코로니스의 마음이 변해버렸다고 말했어요. 화가 난 아폴론은 코로니스를 화살로 쏘고 말았어요. 그런데 화살로 쏘고 나서 보니 코로니스는 아폴론의 아이를 밴 상태였던 거예요. 비로소 정신을 차린 아폴론은 죽은 아내를 껴안고 울며 후회했지만 때는 늦었어요. 아폴론은 코로니스의 몸에서 아기를 꺼내고 아스클레피오스라는 이름을 지어준 뒤 케이론에게 아기를 맡겼어요. 영웅들의 스승으로 유명한 케이론은 아스클레피오스에게 의술을 가르쳐 훌륭한 의사로 만들었답니다. 천재적인 의사가 된 아스클레피오스가 아테네의 왕 테세우스의 아들 히폴리토스까지 살려내자 제우스는 화가 났어요. 어떤 신이라도 인간의 죽음과 삶에 관여해서는 안 된다고 생각한 제우스는 번개를 던져 아스클레피오스를 죽였지요. 하지만 그의 뛰어난 의술을 기리기 위해 하늘로 올려 별자리로 만들어 주었어요. 이것이 바로 '뱀주인자리'랍니다. 아스클레피오스가 우연히 뱀에게서 모든 병을 고칠 수 있는 식물을 알게 되었기에 뱀주인이라고 불린 것이에요.

여름철의 별자리

리라자리

리라는 우리나라의 거문고와 비슷한 악기로 리라자리를 거문고자리라고 부르기도 해요. 헤르메스가 거북의 등껍질로 만들어 짐승의 가죽과 영양의 뿔로 덮은 것이 바로 리라랍니다. 이 리라자리는 그리스 최고의 시

인이자 음악가인 오르페우스와 관련이 있어요. 예술의 신 아폴론과 예술의 여신 중 하나인 칼리오페의 아들인 오르페우스는 헤르메스가 만든 리라를 아버지 아폴론에게 물려받아 연주했어요. 오르페우스는 숲의 님프 에우리디케와 사랑에 빠져 결혼했지만, 에우리디케가 독사에게 물려 죽게 되지요. 슬픔에 빠져 괴로워하던 오르페우스는 죽은 아내를 찾아 하데스가 다스리는 지하 세계로 떠난답니다. 아름다운 리라 연주로 죽음의 강인 스틱스강까지 무사히 건넌 오르페우스는 지하 세계의 문을 지키는 괴물 개 케르베로스 앞에 섰어요. 그러나 케르베로스마저 오르페우스의 아름다운 리라 연주에 잠이 들고 말지요. 드디어 하데스와 페르세포네를 만난 오르페우스는 자신이 이곳에 온 이유를 말하며 리라연주를 했어요. 이 연주에 감동한 하데스는 에우리디케를 데리고 가라고 허락했답니다. 하지만 지하 세계를 벗어날 때까지 절대 에우리디케의 얼굴을 보아서는 안 된다고 했지요. 지상 가까이에 다다른 오르페우스는 이제 됐겠지 싶은 마음에 아내의 얼굴을 돌아보았어요. 그 순간 에우리디케는 다시 지하 세계로 떨어지고 말았어요. 결국, 아내를 잃은 오르페우스는 절망에 빠져 동굴 속에서 지내다 세상을 떠나고 말았답니다. 오르페우스를 가엾게 여긴 제우스가 그의 리라를 밤하늘에 올려 별자리로 만들어 주었지요.

가을철의 별자리

안드로메다자리

안드로메다자리는 허영심 많은 어머니 때문에 고래의 제물로 바쳐진 에티오피아의 공주 안드로메다의 이야기예요. 에티오피아의 왕비인 카시오페이아는 정말 아름다운 여인이었어요. 그래서 늘 자신의 미모를 뽐내

며 오만하고 거만했지요. 얼마나 건방졌는지 자신의 미모가 바다 님프들인 네레이스보다 더 뛰어나다고 자랑하고 다닐 정도였답니다. 그 말을 들은 네레이스들은 바다의 신 포세이돈에게 부탁하여 카시오페이아를 혼내주기로 했어요. 포세이돈은 엄청난 홍수와 해일을 일으키고 괴물 고래인 케투스까지 보냈어요. 에티오피아의 왕 케페우스는 어떻게 해야 신들의 노여움을 가라앉힐 수 있을지 신에게 물었고 그 대답은 딸 안드로메다를 괴물 고래에게 바치라는 것이었어요. 나라를 지키기 위해 어쩔 수 없이 왕은 안드로메다공주를 바닷가 절벽에 묶었어요. 그러던 중 제우스와 다나에의 아들 페르세우스가 묶여있는 공주를 보고 첫눈에 반하고 맙니다. 안타까운 그녀의 사연을 듣고 페르세우스는 거대한 괴물 고래와 결투를 벌였어요. 어머니를 구하기 위해 무시무시한 메두사를 처치한 페르세우스는 다시 그의 검을 휘둘러 단칼에 고래의 목을 베었답니다. 그렇게 해서 안드로메다 공주와 결혼하게 된 페르세우스는 행복하게 잘 살았지요. 아테나 여신은 이 멋진 영웅과 아름다운 공주를 밤하늘의 별자리로 불렀어요. 바로 '페르세우스자리'와 '안드로메다자리'지요. 또 페르세우스가 없앤 괴물 고래 역시 '고래자리'가 되어 밤하늘을 빛내고 케페우스 왕과 카시오페이아 왕비 또한 별자리가 되었어요. 하지만 포세이돈은 아직 화가 덜 풀렸는지 카시오페이아자리는 밤하늘에 거꾸로 매달았답니다.

페르세우스는 모두가 두려워하는 괴물 메두사의 머리를 단칼에 베어 냈어요. 메두사는 끔찍한 괴물이었지만 사실은 바다의 님프로 바다의 신 포세이돈과 사랑하는 사이였어요. 메두사의 피가 바다에 물들자 포세이돈은 너무나 슬퍼하였고 피와 바닷물 사이에서는 자식이 태어나게 되었어요. 하나는 이베리아를 다스리는 왕 크리스오르였고 또 하나는 날개 달린 말 페가수스였지요. 메두사를 처치한 페르세우스는 페가수스를 타고 집으로 돌아갔어요. 그런 뒤 페가수스와 메두사의 머리를 아테나 여신에게 바쳤지요. 무사히 여신들에게 넘겨진 페가수스는 자유로운 몸이 되어 하늘과 땅을 마음껏 뛰어다녔어요. 그러던 중, 포세이돈은 아들 벨레로폰이 아테나의 도움으로 페가수스를 얻어 여러 가지 모험들에서 성공하게 되지요. 마침내 그는 필로노에 공주와 결혼하게 되고, 왕의 후계자가 되자 자만심에 빠져버려 자신을 신이라고 생각할 지경에 이르러요. 결국, 벨레로폰은 신들이 사는 세계로 가기 위해 페가수스를 타고 하늘로 날아오르고 이를 본 제우스는 불쾌한 마음에 페가수스를 놀라게 하여 벨레로폰을 땅에 떨어뜨린답니다. 그래서 페가수스 별자리는 놀란 페가수스가 은하수 속으로 뛰어들고 있는 모습이라 할 수 있어요.

가을철의 별자리

물고기자리 2/19~3/20

★ **별자리 성격**: 적응력이 강한 현실주의자

물고기자리는 그리스 신화 속 가장 아름다운 모자, 아프로디테와 에로스의 별자리로 알려져 있어요. 티탄 신들과의 오랜 전쟁에서 승리한 제우스는 티탄신들을 타르타로스라는 지하 세계에 가두고 올림포스 신들과 축제를 벌였어요. 그러자 최초의 신이자 티탄들의 어머니인 가이아는 화가 났어요. 물론 제우스의 편을 들어주기는 했지만 그렇다고 해서 티탄 신들을 가둘 것까지는 없었으니까요. 결국, 화가 난 가이아는 괴물 티포테우스를 낳아 올림포스 신들을 공격하도록 했답니다. 티포테우스는 반은 사람, 반은 뱀의 모습을 한 괴물로 몸집이 어마어마하게 컸어요. 두 팔을 벌리면 동쪽과 서쪽의 끝이 닿을 정도였고 양어깨에는 백 개나 되는 뱀 머리가 솟아 나왔지요. 검은 혀에서는 천둥소리가 들렸답니다. 제우스를 비롯한 올림포스의 신들은 이 괴물을 보고 놀라 달아나기 시작했어요. 제우스를 제외한 신들은 각자 동물로 변해 열심히 도망을 쳤답니다. 유프라테스강에서 승리의 기쁨에 취해있던 미의 여신 아프로디테와 그의 아들 에로스 역시 티포테우스를 보고 깜짝 놀랐어요. 두 모자는 얼른 물고기로 변신하여 강으로 뛰어들었어요. 그 와중에도 서로를 놓치지 않기 위해 끈으로 연결하였지요. 이 물고기의 모습이 그대로 밤하늘에 올라가 '물고기자리'가 된 것이랍니다.

아프로디테와 에로스가 물고기로 변해 강물로 뛰어들 때 가축의 신 판 역시 그 옆에 있었어요. 판은 헤르메스의 아들로 태어날 때부터 염소의 뿔과 다리를 가지고 있었어요. 얼굴 역시 염소처럼 수염이 나 있었지요. 하지만 그는 언제나 유쾌한 성격으로 피리를 불며 산과 들을 뛰어다니는 천하태평의 성격을 지녔답니다. 그런 성격의 판이라 할지라도 괴물 티포테우스는 무서운 존재였어요. 티포테우스를 보고 당황한 판은 아프로디테와 에로스처럼 강물로 뛰어들어 물고기로 변하려 했어요. 그런데 너무 놀란 나머지, 판은 상반신은 염소이고 하반신은 물고기인 희한한 모습으로 변신하고 말았어요. 반이나마 물고기가 되어 무사히 도망친 판은 육지로 돌아왔지만, 이상하게 변해버린 자신의 모습을 보고 소스라치게 놀라 소리를 질렀어요. 그 소리가 얼마나 끔찍했던지 괴물 티포테우스마저 놀라 도망을 쳤답니다. 어찌 되었든 티포테우스를 물리친 판에게 제우스는 고마움의 표시로 염소물고기의 형상을 하늘에 남겨 놓았어요. 이것이 바로 '염소자리'랍니다. 반은 염소, 반은 물고기인 이 우스꽝스러운 별자리는 아름다운 가을밤에 볼 수 있지요.

가을철의 별자리

양자리 3/21~4/19

★ **별자리** 성격: 멈출 수 없는 정열적인 성격을 지닌 사람

보이오티아의 왕 아타마스는 구름의 정령인 네펠레에게서 프릭소스와 헬레라는 두 남매를 두었어요. 그러나 네펠레는 일찍 세상을 떴고 아타마스 왕은 새 왕비 이노를 맞게 되었지요. 프릭소스와 헬레를 싫어했던 이노 왕비는 흉년이 들자 제우스에게 왕자와 공주를 바쳐야만 나라를 구할 수 있다는 거짓말을 꾸며냈어요. 아타마스 왕은 왕자와 공주를 제물로 바치기 싫었지만, 나라를 위해서 어쩔 수 없는 선택을 해야 했지요. 제우스 신전에 올라간 왕은 제단 위에 두 남매를 올려놓았어요. 죽은 네펠레는 이 모습을 보고 아이들을 구해달라고 헤르메스에게 도움을 요청했어요. 제우스의 허락을 받은 헤르메스는 황금 가죽을 가진 숫양에 남매를 태워 아주 먼 북쪽 땅 콜키스로 가게 했지요. 양의 등에 타고 하늘을 날아가던 중, 안타깝게도 헬레 공주는 아시아와 유럽을 나누는 바다 가운데 떨어지고 말았어요. 그 뒤, 사람들은 헬레 공주가 떨어진 그곳을 '헬레스폰토스'라고 부르게 되었답니다. 한편 살아남은 프릭소스는 계속 양을 타고 날아 무사히 콜키스에 도착하게 되지요. 프릭소스는 자신을 태워준 황금 숫양을 제우스에게 바쳤어요. 제우스는 프릭소스의 목숨을 무사히 구해준 양을 칭찬하고자 하늘로 올려 밤하늘의 별자리로 만들어 주었답니다.

가을철의 별자리

물병자리 1/20~2/18

★ **별자리 성격**: 남의 눈치를 보지 않고 앞으로 나아가는 자유로운 개척자

트로이의 왕 트로스의 아들 가니메데스는 매우 아름다운 청년이었어요. 얼마나 아름다웠는지 사람들은 물론 신들까지도 칭찬할 정도였지요. 제우스도 이 소문을 듣고 가니메데스의 미모가 궁금해졌어요. 그래서 독수리로 변해 트로이로 날아갔지요. 이데산에서 양을 치던 가니메데스를 본 순간 제우스는 그의 아름다움에 반해 자신의 옆에 두고 매일 보고 싶어졌답니다. 결국, 제우스는 날카로운 발톱으로 가니메데스를 붙잡아 올림포스 신전으로 데려갔어요. 한편, 올림포스 신들이 식사를 할 때 시중을 드는 일을 하던 젊음의 신 헤베가 헤라클레스가 결혼을 하자 이 일을 대신해 줄 사람이 필요해졌어요. 제우스는 가니메데스에게 이 일을 맡겼지요. 트로이의 왕자 가니메데스는 이제 제우스에게 음료를 따라주며 제우스 곁에 항상 있게 되었답니다. 제우스는 상으로 그에게 영원한 젊음과 생명을 주었어요. 또 아들을 잃은 트로이 왕을 위로하기 위해 죽지 않는 말 두 필과 포도나무 한 그루를 선물했지요. 훗날, 제우스는 가니메데스를 밤하늘을 별자리로 만들어 영원히 옆에 있게 했어요. 이것이 바로 '물병자리'예요.

겨울철의 별자리

황소자리 4/20 ~ 5/20

★ **별자리 성격**: 고집이 세지만 올곧은 사람, 아름다움을 사랑하는 사람

올림포스 최고의 신 제우스는 하늘과 땅을 다스리는 능력자였지만 한 가지 커다란 약점이 있었어요. 바로 아름다운 여인만 보면 첫눈에 반해 버리고 만다는 것이지요. 페니키아의 공주 에우로파 역시 제우스의 마음을 한 번에 사로잡을 정도로 아름다웠어요. 어떻게 하면 헤라의 눈을 피해 에우로파에게 다가갈 수 있을까 궁리하던 제우스가 이번에는 한 마리의 황소로 변했답니다. 아름다운 여인에게 다가가는 제우스의 비법 중 하나가 변신이잖아요. 에우로파는 제우스로 변한 황소를 보고 깜짝 놀랐어요. 어쩌면 이렇게 아름다운 황소가 있을까 신기했거든요. 에우로파는 꽃을 한 송이 꺾어 황소에게 주었고 곧 황소의 등에 올라타기까지 했어요. 그러자 황소는 바다로 뛰어들어가 헤엄을 치며 바다를 건넜답니다. 에우로파를 태운 황소는 크레타섬에 도착했어요. 그제야 자신의 모습을 드러낸 제우스는 에우로파에게 사랑을 고백했어요. 둘은 아무도 몰래 결혼을 하였지요. 에우로파를 아내로 맞이하기 위해 제우스가 변신했던 황소의 모습이 별이 되어 '황소자리'가 된 것이랍니다.

겨울철의 별자리

게자리 6/22 ~ 7/22

★ **별자리 성격**: 강인한 모성애를 가졌으나 마음이 약한 사람

그리스 최고의 영웅 헤라클레스가 해낸 열두 가지 과제 중 두 번째 과제는 바로 히드라를 없애는 일이었어요. 레르네의 늪에 사는 히드라는 뱀의 여신 에키드나의 딸로, 아홉 개나 되는 머리를 가진 뱀이었어요. 아무리 날카로운 칼로 뱀의 머리를 베어낼지라도 다시 생겨나는, 절대로 죽지 않는 괴물이었답니다. 헤라클레스가 긴 낫으로 히드라의 머리를 하나 베어내면 다시 새로운 머리가 두 개나 생겨났지요. 그러자 천하무적 헤라클레스도 당황할 수밖에 없었어요. 그렇게 히드라와의 결투에서 땀을 빼던 헤라클레스는 갑자기 발이 따끔했어요. 밑을 보니 거대한 게 한 마리가 날카로운 집게로 자신의 발뒤꿈치를 물고 있었지요. 헤라클레스는 단숨에 칼을 뽑아 게의 집게발을 자르고 등딱지를 향해 칼을 날렸어요. 그러고는 발로 밟아 단번에 게를 죽여 버렸어요. 그 후, 헤라클레스는 조카 이올라오스에게 자신이 히드라의 머리를 잘라 내면 불로 지져달라고 부탁했어요. 결국, 이올라오스의 도움으로 히드라를 없앤 헤라클레스는 무사히 두 번째 과제를 해결했답니다. 죽은 히드라는 하늘로 올라가 '바다뱀자리'가 되었고요. 그렇다면 난데없이 나타나 헤라클레스의 발뒤꿈치를 문 게는 어디서 온 것일까요? 사실 그 게는 헤라클레스를 방해하기 위해 헤라가 보낸 것이었어요. 헤라는 자신 때문에 죽은 게를 밤하늘로 불러 별자리로 만들어 주었지요. 이것이 바로 '게자리'랍니다.

겨울철의 별자리

쌍둥이자리 5/21~6/21

★ **별자리 성격**: 천재적인 두뇌 회전으로 자신감이 가득하지만, 그 뒤에 외로움을 숨긴 사람

백조자리의 주인공, 스파르타의 왕비 레다를 기억하시나요? 레다가 제우스와 사랑에 빠진 뒤 아름답고 하얀 두 개의 알을 낳았잖아요. 하나의 알에서는 헬레네와 클리타임네스트라가 태어났고 또 하나의 알에서는 카스토르와 폴리데우케스가 태어났던 이야기 말이에요. 사실 함께 태어나긴 했지만, 폴리데우케스와 클리타임네스트라는 제우스의 자식이었고, 카스토르와 헬레네는 스파르타의 왕 틴다레오스의 자식이었어요. 같은 알에서 태어난 카스토르와 폴리데우케스는 사이가 아주 좋아 늘 함께 다녔답니다. 말타기와 전술, 권투와 활쏘기 등에 뛰어난 둘은 스파르타의 영웅이었어요. 특히 제우스의 아들인 폴리데우케스는 대장장이의 신 헤파이스토스에서 부탁해 손목에 철을 붙이고 다녔어요. 그래서 엄청난 힘을 지니고 있었지요. 둘은 그리스 영웅들과 함께 아르고 호를 타고 황금 양털을 찾는 모험을 떠나 항해자와 모험가의 수호신으로 이름을 날렸답니다. 그러다 이 쌍둥이 형제는 레우키포스의 딸들을 사랑하게 되었어요. 하지만 이미 쌍둥이 형제들의 사촌인 이다스와 린케우스의 약혼녀였기에 네 명의 사촌들은 서로 싸우다 모두 죽고 말았어요. 제우스의 아들인 폴리데우케스만이 영원히 죽지 않는 몸을 가진 탓에 살아남았지요. 쌍둥이를 잃은 폴리데우케스는 슬픔에 빠져 지내다 아버지 제우스에게 자신도 카스토르 곁으로 보내달라는 부탁을 했어요. 형제의 우애에 감동한 제우스는 이 쌍둥이들을 지옥과 올림포스로 하루씩 번갈아 오고가게 해주었어요. 또 밤하늘의 별로 만들어 주기도 했답니다. 이것이 바로 '쌍둥이자리'예요.

페가수스

페가수스는 그리스 신화 속에 나오는 날개 달린 신성한 말이에요. 비록 말이기는 하지만 메두사와 포세이돈의 아들이라고 할 수 있지요. 제우스의 번개를 옮기는 역할을 맡았기에 하늘을 날 수 있었던 페가수스를 보고 그리스 사람들은 신처럼 여겼어요. 눈처럼 하얀 페가수스는 페르세우스가 타고 다니다 아테나 여신에게 바쳐 올림포스산에서 살며 많은 뮤즈들에게 사랑을 받았어요. 페가수스는 성질이 난폭하여 아무나 탈 수 없었는데 벨레로폰만이 아테나 여신의 도움으로 페가수스를 탈 수 있었답니다. 하지만 자만심에 빠졌던 탓에 신들의 노여움을 받게 된 벨레로폰은 결국 페가수스의 몸에서 떨어져 죽고 말지요. 그 후 페가수스는 아폴론 신의 말이 되었어요. 페가수스는 그리스 어로 '샘'이란 뜻이 있어요. 그래서인지 코린토스의 성벽에 있는 페이레네의 샘에는 반드시 페가수스가 찾아와서 물을 마시곤 했지요. 벨레로폰 역시 여기서 페가수스에게 고삐를 다는 일에 성공했어요. 또 페가수스는 제 스스로 샘물을 솟아나게 할 수도 있었답니다. 후에 페가수스는 티폰과 에키드나 사이에서 태어난 괴물 오르트로스와 결합하여 픽스와 네메아의 사자를 낳았어요.

포이닉스

동양에서는 불사조라고 불리는 포이닉스는 우리에게 피닉스란 이름으로도 알려진 새에요. 포이닉스는 자기 몸을 불태워 그 재에서 새롭게 태어난다는 전설적인 새랍니다. 이집트의 태양 숭배에 등장하는 상상의 새 베누에서 유래된 것으로 보이고 있지요. 포이닉스는 세상에 단 한 마리밖에 없는 아주 특별한 새라고 할 수 있어요. 이 새는 다른 동물들처럼 새끼를 낳지 않고 홀로 500년을 살다가 죽을 때가 되면 이집트의 헬리오폴리스에 있는 태양 신전에 향나무를 쌓아 만든 제단으로 날아와요. 날갯짓으로 제단에 불을 붙여 자신의 몸을 불사르지요. 그러고 나면 다 타고 난 잿더미 속에서 다시 태어난답니다. 그래서 죽지 않는 새인 불사조 혹은 불새라고 불리게 되었어요. 포이닉스는 매일 같이 활활 타는 불덩이로 솟아올랐다가 다시 물속으로 가라앉아 꺼지기를 반복하는 태양을 상징한다고 볼 수 있지요.

셀 수도 없을 만큼 많은 눈을 가진 괴물이에요. 온몸에 빼곡히 박힌 눈들을 가져 눈이 빠른 데다가 힘도 어마어마하게 센 거인이지요. 하지만 나쁜 괴물이라고 할 수만은 없어요. 아르카디아를 해치는 황소와 사티로스를 물리쳤고 타르타로스와 대지의 신 가이아의 딸로 지나가던 사람들을 괴롭히던 에키드나 역시 처치했거든요. 또 포로네우스의 아들 아피스를 죽인 자들에게 복수를 해주기도 했어요. 아르고스에 대한 얘기를 할 때 빼놓을 수 없는 것이 이오에 관한 이야기지요. 자신의 눈을 피해 제우스가 이오를 암소로 변신시키자 화가 난 헤라는 아르고스에게 암소가 된 이오를 감시하라는 명령을 내렸어요. 그때 헤르메스가 피리를 불어 수천 개나 되는 아르고스의 눈을 모조리 감기게 한 뒤 목을 베어버렸잖아요. 자신의 명령을 지키다 죽게 된 아르고스를 위해 헤라는 공작새의 깃털에 아르고스의 눈을 붙여주었지요.

미노타우로스

크레타의 미노스는 왕이 되기 위해 다른 형제들과 싸우던 중 바다의 신 포세이돈의 도움으로 왕이 되었어요. 미노스는 백성들에게 포세이돈이 자신을 왕으로 인정했다고 하며 그 증거로 깊은 바닷속에서 황소 한 마리를 받지요. 하지만 왕이 된 미노스는 포세이돈과의 약속을 지키지 않았어요. 그 황소를 포세이돈에게 제물로 바치지 않은 것이지요. 그러자 화가 난 포세이돈은 미노스의 부인 파시파에에게 황소를 사랑하게 되는 저주를 내렸어요. 사랑에 빠진 파시파에 왕비는 전설적인 기술자 다이달로스에게 포세이돈의 황소와 똑같은 황소를 만들어 달라고 부탁해요. 그리고 그 황소와 사랑을 나눈 후, 반은 사람이고 반은 소인 괴물 미노타우로스를 낳게 되지요. 미노스 왕은 몹시 화가 났지만, 파시파에 왕비는 태양의 신 헬리오스의 딸인지라 함부로 혼을 낼 수도 없었어요. 결국, 미노스 왕은 역시 다이달로스가 만든 미궁에 미노타우로스를 가두어 버렸답니다. 이 미궁은 한번 들어가면 다시는 살아나올 수 없는 신비한 곳으로 미노타우로스는 여기에 갇혀 9년에 한 번 제물로 바친 처녀, 총각을 먹이로 삼았어요. 그러자 아테네의 왕자 테세우스는 제 발로 미궁에 들어가 미노타우로스를 처단하기로 하지요. 자신을 사랑한 크레타의 공주 아리아드네의 도움으로 테세우스는 무사히 미노타우로스를 없애고 미궁을 빠져나오게 된답니다.

게리온

헤라클레스가 해결해야 하는 열두 과제 중 하나는 바로 게리온의 소 떼를 훔쳐 오는 일이었어요. 게리온은 3개의 머리와 3개의 몸통을 가지고 있는 괴물이지요. 머나먼 서쪽 바다에 떠 있는 섬에 살면서 수많은 소 떼를 데리고 있었어요. 에우리티온이 게리온의 붉은 소 떼를 돌보고 머리가 두 개 달린 용맹스러운 괴물 개 오르트로스가 도둑이 오는지 감시하고 있어 지키고 있었고요. 그러니 게리온의 소 떼를 훔치는 것은 결코 쉬운 일이 아니었답니다. 괴물 게리온뿐만 아니라 거대한 소몰이꾼 에우리티온, 머리가 두 개 달린 개 오르트로스, 만만치 않은 이 괴물 세 마리를 상대해야 했으니까요. 게리온에게 가는 도중에 사막을 지나야 했던 헤라클레스는 너무 더워서 태양의 신 헬리오스를 독화살로 협박했어요. 그러자 오히려 그의 용기에 감탄한 헬리오스가 자신이 바다를 건널 때 사용하는 황금 잔 모양의 배를 빌려주었지요. 섬에 도착한 헤라클레스는 먼저 냄새를 맡고 달려온 오르트로스를 몽둥이로 때려죽이고 이어 뒤따라온 에우리티온도 몽둥이로 때려죽였어요. 그러자 근처에서 메노이티우스가 소들을 먹이고 있다가 이 장면을 목격하고는 게리온에게 소식을 전해주고, 소식을 들은 게리온은 헤라클레스의 뒤를 쫓았지요. 게리온은 소 떼를 몰고 가던 헤라클레스와 안테무스 강가에서 싸우다 결국 그의 화살에 맞아 죽고 말지요. 이렇게 해서 세 괴물을 처치한 헤라클레스는 소 떼를 몰고 무사히 돌아왔답니다.

에키드나

게리온의 누이로 반은 인간이고 반은 뱀인 괴물이에요. 절반은 속눈썹을 깜빡이는 예쁜 볼을 가진 아름다운 소녀의 모습이지만 나머지 절반은 닥치는 대로 뭐든 먹어치우는 무시무시하고 거대한 뱀이지요. 에키드나는 그리스 신화에서 가장 무시무시하고 강력한 힘을 가진 괴물 티폰과 결혼하여 여러 괴물들을 낳았어요. 티폰은 제우스가 무서워서 도망갈 정도로 강력한 괴물이었어요. 물론 둘의 결투에서 제우스가 힘겹게 이기긴 했지만 말이에요. 이런 티폰과 에키드나가 낳은 괴물 중에는 게리온의 맹견 오르트로스, 지하 세계를 지키는 개 케르베로스, 레르네의 습지에 사는 물뱀 히드라, 사자와 양의 모습을 모두 지닌 키마이라 등이 있답니다. 공교롭게도 이들은 대부분 헤라클레스에 의해 고통을 받거나 죽게 되었지요. 괴물들의 어머니 에키드나는 펠로폰네소스의 지하 동굴에 살면서 밤이면 가축이나 나그네를 덮쳐 지하로 끌고 가서 잡아먹곤 했어요. 그렇게 가축을 실컷 잡아먹은 뒤 배가 불러 잠이 들었다가 백 개의 눈을 가진 아르고스에게 죽게 되었지요.

티폰

티폰은 그리스 신화 속에서 가장 강력한 힘을 가진 괴물로 반은 사람, 반은 뱀의 모습을 하고 있어요. 하늘에 닿을 정도로 키가 컸고 두 팔을 벌리면 동쪽 끝과 서쪽 끝에 닿을 정도였지요. 끊임없이 거센 폭풍을 만들어내어 '폭풍들의 아버지'로 불리기도 했답니다. 제우스가 아버지인 크로노스를 비롯하여 티탄 신족을 물리친 후에 그들을 타르타로스에 가두자 화가 난 가이아가 타르타로스와 손을 잡고 낳은 가이아의 마지막 자식이 바로 티폰이에요. 제우스를 혼내주기 위해 가이아는 무시무시한 괴물을 낳은 것이지요. 활활 타는 바윗돌을 내던지고 입에서는 강한 불길을 내뿜으며 올림포스를 공격하는 티폰을 보고 신들은 도망치거나 동물로 변신했어요. 그 정도로 티폰은 무서운 존재였답니다. 처음에 숫양으로 변해 도망치려던 제우스는 아테나가 비난하자 용기를 내어 티폰에 맞서 싸우기로 했어요. 처음에는 제우스가 티폰에게 지고 말았지요. 다시 기운을 차린 제우스는 날개 달린 말들이 끄는 수레를 타고 벼락을 던지며 티폰의 뒤를 쫓았고, 마침내 에트나산을 던져 티폰을 가두어 버렸어요. 에트나산은 활화산으로 오늘날에도 불길이 솟아오르는데 이것은 제우스가 던진 벼락 때문이라고 하네요. 결국, 제우스는 티폰과의 싸움을 마지막으로 진정한 최고의 신이 되었답니다.

고르곤(메두사)

고르곤은 우리에게 메두사라는 이름으로 더 잘 알려져 있어요. 고르곤은 스테노, 에우리알레와 함께 고르고네스 세 자매로 바다의 신 포르키스와 케토 사이에서 태어났답니다. 고르곤의 세 자매는 헤스페리데스의 정원이 있는 머나먼 서쪽 지방에 살았지요. 뱀으로 된 머리카락과 멧돼지의 어금니, 용의 비늘로 덮인 몸, 청동으로 된 손, 금으로 된 날개를 지니고 있었어요. 특히 고르곤은 원래 아름다운 모습으로 태어났으나 아테나 여신의 저주로 흉측하게 변했다고 전해지지요. 이와 관련해서 그녀가 아테나 여신과 아름다움을 겨루다 벌을 받았다는 이야기도 있고, 바다의 신인 포세이돈과 아테나 여신의 신전에서 사랑을 나누다 여신의 분노를 사게 되었다는 이야기도 있어요. 고르곤은 원래 매우 길고 아름다운 머릿결을 지녔는데, 아테나 여신이 이를 질투하여 그녀의 머리카락을 뱀으로 만들어버렸다는 이야기도 전해진답니다. 고르곤과 눈을 마주치면 누구나 돌로 변했어요. 그래서 인간뿐 아니라 신들조차도 고르곤을 두려워했지요. 언니인 스테노와 에우리알레가 절대 죽지 않는 불사의 존재인 데 반해 고르곤은 그렇지 않았기에 페르세우스에게서 죽음을 맞았답니다.

네소스

네소스는 몸의 절반은 사람이고 절반은 말인 켄타우로스족이에요. 헤라클레스를 속이고 그의 아내 데이아네이라를 빼앗으려다 헤라클레스에 의해 죽게 되지요. 헤라클레스와 데이아네이라가 물살이 거센 에우에노스강을 건널 때였어요. 두려움에 사로잡힌 데이아네이라를 도와주겠다고 다가온 네소스는 강을 건너자마자 그녀를 겁탈하려고 했어요. 강 건너편에 있던 헤라클레스는 이 모습을 보고 히드라의 독이 묻은 화살을 쏘아 네소스의 가슴을 정확히 찔렀지요. 네소스는 죽어가면서 데이아네이라에게 거짓말을 했어요. 헤라클레스의 애정이 식었을 때 자신의 피를 남편의 옷에 묻히면 사랑을 되찾을 수 있을 거라고 한 것이지요. 안타깝게도 이 말을 그대로 믿어버린 데이아네이라는 나중에 헤라클레스의 마음이 식었다는 생각이 들자 몰래 간직해 두었던 네소스의 피를 그의 옷에 뿌린 후 헤라클레스에게 보냈어요. 사실 네소스의 피에는 히드라의 독이 묻어있었어요. 네소스가 죽을 때 헤라클레스가 쏜 독화살에 맞았기 때문이지요. 이 옷을 입은 헤라클레스는 히드라의 독으로 인해 너무나 고통스러워하며 자신을 불에 태워달라고 부탁했어요. 헤라클레스는 죽었지만, 다행히 올림포스 신전으로 올라가 신이 되어 헤라의 딸 헤베와 결혼하게 되었지요.

라돈

라돈은 백 개의 머리를 가진 뱀이에요. 라돈의 머리들은 절대로 한꺼번에 모두 잠드는 법이 없으며 각기 다른 목소리를 냈지요. 라돈은 헤라의 황금 사과를 지키는 역할을 했어요. 헤라의 황금 사과는 대지의 여신 가이아가 제우스와 헤라의 결혼 축하 선물로 준 것이에요. 라돈은 세상의 서쪽 끝에 있는 정원에서 '저녁별의 딸들'인 헤스페리데스 자매와 함께 황금 사과를 지키고 있었지요. 이 황금 사과를 따오는 것이 헤라클레스가 해야 할 열두 과제 중 하나였고요. 헤라클레스는 바다의 신 네레우스에게 길을 물어 세상 끝에 있는 헤스페리데스의 정원을 찾아와서는 라돈을 죽이고 헤라의 황금 사과를 가져갔답니다. 헤라는 자신의 황금 사과를 지키다 죽은 라돈을 하늘에 올려 별자리로 만들어 주었어요.

히드라

히드라는 티폰과 에키드라 사이에서 낳은 자식으로 아홉 개의 머리를 가진 괴물 뱀이에요. 아르고스 근처의 늪지대인 레르네에 살았지요. 아홉 개의 머리 중 하나는 아무리 베어내도 절대 죽지 않았어요. 또 강력한 독을 지니고 있어서 신체 어느 부위든 히드라의 독이 닿거나 히드라가 내뿜은 숨결만 맡아도 목숨을 잃을 정도였답니다. 히드라는 레르네의 늪지대 근처를 지나는 사람이나 가축 등을 잡아먹었고 농작물에도 커다란 피해를 줬어요. 이렇게 아르고스의 주민들을 괴롭히는 히드라를 없애는 것이 바로 헤라클레스의 두 번째 과제였답니다. 히드라의 머리를 베어내도 계속 돋아나자 헤라클레스는 조카 이올라오스에게 횃불을 가져오게 하여 머리를 자르면 그 부위를 불로 지져 더 이상 새 머리가 돋아나지 못하게 하였어요. 하지만 절대 죽지 않는 단 하나의 머리는 그런 식으로도 죽일 수가 없었지요. 헤라클레스는 그 머리를 베어 땅에 묻고 커다란 바위로 깔아뭉갰답니다. 그렇게 두 번째 과제도 무사히 해결했어요.

케르베로스는 하데스의 지하 세계를 지키는 괴물 개로 머리가 세 개나 달려있어요. 지하 세계의 문을 지키며 죽어서 지하 세계에 들어온 영혼을 나가지 못하게 감시하는 역할을 하지요. 물론 살아있는 사람이 지하 세계에 들어가는 것도 막는답니다. 그만큼 하데스의 지하 세계는 지상의 세계와 엄격하게 분리되어 있어요. 그런데 무시무시한 케르베로스가 지하 세계의 문 앞에서 지키고 있어도 이 지하 세계에 들어온 사람들이 있어요. 그중 하나인 헤라클레스는 심지어 케르베로스를 지상 세계로 데리고 나오기까지 했어요. 바로 헤라클레스의 열두 과제 중 마지막 과제가 케르베로스를 데리고 에우리스테우스에게 가는 것이었거든요. 헤라클레스가 하데스에게 케르베로스를 데려가게 해달라고 청하자 하데스는 맨손으로 케르베로스를 제압한다면 데려가도 좋다고 했어요. 보통 사람이라면 절대 할 수 없는 일이지만 헤라클레스는 그리스 최고의 영웅이잖아요. 드디어 케르베로스를 에우리스테우스 앞에 데려다 놓자 에우리스테우스는 겁에 질려 도로 지하 세계로 데려다 놓으라고 지시했답니다. 이렇게 해서 케르베로스는 다시 지하 세계로 돌아오게 되지요.

사자의 몸에 독수리의 날개와 부리를 지닌 괴물이에요. 육상 동물의 왕 사자와 새들의 왕 독수리의 특징을 모두 지닌 그리핀은 신이나 왕의 권력을 상징했지요. 그리핀은 그리스 신화뿐 아니라 지중해 연안에서 중앙아시아에 걸쳐 여러 민족의 신화에 종종 등장해요. 주로 신들의 보물이나 황금을 지키는 파수꾼 역할을 했지요. 그리스 신화에서 그리핀은 예리한 통찰력과 앞날을 내다보는 능력을 지닌 탓에 아폴론의 성스러운 동물로 여겨졌답니다. 또 인도의 산악 또는 스키티아의 사막에 살면서 금광을 발견하고 이를 약탈자들로부터 지키는 일도 했어요. 눈에 보이지 않는 정신적 보물인 지식을 지키기도 했지요. 디오니소스가 기르는 동물로 그의 술 항아리를 지키는 파수꾼으로도 등장하지요. 그리스 신들이 타고 다니는 전차는 보통 말이 끌었는데 그리핀이 대신 끈 적도 있어요. 특히 복수의 여신 네메시스의 전차를 끌 때는 그리핀의 몸통과 날개가 모두 검은색으로 표현되었답니다.

세이렌은 사실 괴물이 아닌 바다의 님프랍니다. 아름다운 외모와 더 아름다운 노래를 부르지요. 하지만 이 아름다운 노랫소리로 사람들을 행복하게 해주기보다는 뱃사람들을 유혹해서 배를 바다에 빠뜨리는 위험한 일을 했어요. 너무나 아름다운 노랫소리를 듣다 보면 자신도 모르게 정신을 놓게 되어 바다에 스스로 뛰어들거나 배가 난파되는 것도 모르게 되는 것이었죠. 그러나 이 아름답고도 위험한 세이렌의 유혹을 이긴 사람이 있었으니 바로 오디세우스였어요. 마녀 키르케의 도움으로 세이렌의 위험한 유혹에서 빠져나갈 방법을 미리 알고 있었거든요. 오디세우스는 다른 선원들의 귀를 미리 밀랍으로 단단히 막아 두었어요. 세이렌의 노래를 들을 수 없도록 말이지요. 하지만 호기심 많은 오디세우스는 꼭 세이렌의 노래를 들어보고 싶었어요. 그래서 자신의 귀를 막는 대신 손과 발을 밧줄로 묶어 돛대에 매어두라고 선원들에게 부탁했지요. 오디세우스의 배를 보고 세이렌은 목청껏 노래를 불렀지만 이미 귀를 막은 선원들은 아랑곳하지 않고 배를 저어 나아갔답니다. 그럼 귀를 막지 않은 오디세우스는 어떻게 되었냐고요? 어차피 묶인 신세이니 바다에 뛰어내릴 수도 없잖아요. 그렇게 재치를 발휘한 오디세우스는 아름다운 세이렌의 노래도 감상하고 무사히 세이렌의 섬을 빠져나갈 수도 있었지요.

키클롭스

키클롭스는 가이아와 우라노스 사이에서 태어난 외눈박이 삼 형제를 말해요. 이 삼 형제를 모두 합쳐 키클로페스라고 부르는데 천둥의 신 브론테스, 번개의 신 스테로페스, 벼락의 신 아르게스가 있답니다. 키클롭스를 사이클롭스라고 부르기도 하지요. 키클롭스는 티탄 신들의 형제로 그리스 신화의 제2세대 신이라 할 수 있어요. 다른 신들과는 달리 이마 한가운데에 둥근 눈 하나만 가진 거인이지요. 너무 흉측스러운 모습을 지닌 탓에 아버지인 우라노스는 그들을 타르타로스에 가두어 버렸어요. 자신들의 형제인 크로노스가 아버지 우라노스를 몰아내고 최고의 신의 위치에 오른 뒤에도 키클로페스는 여전히 갇혀 있어야만 했지요. 결국, 조카인 제우스가 크로노스와 10년 동안 지속된 싸움을 벌이면서 타르타로스에 갇힌 그들을 풀어주었어요. 키클로페스는 은혜의 보답으로 제우스에게 천둥과 번개와 벼락을, 하데스에게 쓰면 보이지 않는 투구를, 포세이돈에게 삼지창을 주었지요. 제우스는 그 무기로 크로노스와의 싸움에서 승리를 거두고 최고의 신이 되었답니다.

티폰과 에키드나 사이에 태어난 딸로 머리가 셋이 있는 괴물이에요. 양과 사자와 뱀의 모습을 전부 가지고 있으며 입으로는 불을 내뿜는 무시무시한 괴물이지요. 키마이라는 가축을 잡아먹고 나라를 어지럽혔기 때문에 리키아의 왕 이오바테스에게 키마이라는 큰 고민거리였어요. 한편 코린토스에는 벨레로폰이라는 젊은이가 있었는데 살인죄를 짓고 쫓겨나 친척인 아르고스의 왕궁에 신세를 지고 있었어요. 그런데 그곳에서도 문제를 일으켜 다른 친척인 리키아의 왕궁으로 옮겨가게 된 것이지요. 아르고스의 왕은 자신의 장인이자 리키아의 왕에게 벨레로페를 없애 달라고 부탁했어요. 하지만 귀족의 아들인 벨레로폰을 무작정 죽일 수 없었던 리키아의 왕은 그에게 키마이라를 없애달라고 했지요. 무서운 키마이라를 죽일 수 없을 거로 생각했으니까요. 벨레로폰은 키마이라를 없애기 위해 출발했어요. 그러면서 예언자 폴리에이도스에게서 하늘을 달리는 말, 페가수스를 길들일 수 있다면 키마이라도 너끈히 없앨 수 있다는 말을 들었어요. 벨레로폰은 아테나에게 도움으로 페가수스를 탈 수 있게 되었답니다. 페가수스를 탄 벨레로폰은 화살을 쏘아 키마이라를 죽일 수 있었어요.

원래 카리브디스는 가이아와 포세이돈 사이에서 태어난 여신이었어요. 하지만 무엇이든 먹는 먹보였던 탓에 신들의 음식까지도 마음대로 먹어치워 버렸지요. 이에 화가 난 제우스는 벼락을 내리쳐 카리브디스를 바다로 던져 버렸어요. 그리고 벌로 카리브디스에게 영원히 채워지지 않는 배고픔을 바닷물로 달래도록, 하루에 세 번 엄청난 양의 바닷물을 들이마시게 하였어요. 결국, 카리브디스가 거대한 입으로 바닷물을 들이마셨다가 내뿜을 때면 주변에 엄청난 소용돌이가 생겨났어요. 그러니까 카리브디스는 괴물이라기보다는 빠른 조류와 암초에 의해 생겨나는 거대한 소용돌이라고 할 수 있지요. 이 카리브디스는 바다를 지나는 사람들에게 큰 두려움이었어요. 그곳에 들어가면 절대 살아서 빠져나갈 수 없었으니까요. 오디세우스는 자신의 병사들이 태양신 헬리오스의 소에 손대지 말라는 예언을 어기고 그것을 잡아먹는 바람에 부하들을 모두 잃고 말았어요. 홀로 배를 타고 카리브디스로 떠밀려온 오디세우스는 엄청난 소용돌이에 휘말려 카리브디스의 입속까지 빨려 들어갔지만, 암벽에 자란 무화과나무로 뛰어올라 간신히 살아남을 수 있었답니다.

스킬라

아름다운 님프였던 스킬라는 어느 날 바닷가에서 물놀이를 하고 있었어요. 그때 그 모습을 본 해신 글라우코스가 첫눈에 반해 스킬라에게 사랑을 고백하였지만, 스킬라는 받아 주지 않았어요. 결국, 글라우코스는 마녀 키르케를 찾아가 스킬라의 마음을 얻을 수 있는 마법의 약을 만들어 달라고 했어요. 글라우코스를 본 키르케는 자신과 사랑을 나누자고 했지만, 글라우코스의 마음은 변하지 않았지요. 질투를 느낀 키르케는 스킬라가 늘 물놀이를 하는 곳에 독풀의 즙을 풀고 주문을 외웠어요. 평소처럼 그곳에서 헤엄을 치던 스킬라는 자신의 몸이 끔찍한 괴물로 변해 가는 것을 보고 소스라치게 놀랐어요. 아름다운 자신의 모습 대신, 개의 모습을 한 여섯 개의 머리가 뱀처럼 길게 솟아 있었으니까요. 스킬라는 곧 그 모습으로 바위에 뿌리가 박힌 듯 꼼짝을 할 수 없게 되었어요. 한순간에 괴물로 변한 스킬라는 분노와 절망에 사로잡혀 나날이 포악해졌지요. 손에 닿는 것이면 무엇이나 닥치는 대로 잡아먹었으니까요. 스킬라가 있는 곳은 메시나의 아주 좁은 해협으로 맞은편에는 카리브디스라는 또 다른 괴물이 있었어요. 그렇기에 배를 타고 이곳을 지나는 선원들은 늘 위험에 빠질 수밖에 없었지요. 여기서 나온 말이 서양 사람들이 흔히 말하는 '스킬라와 카리브디스 사이로 지나기'라는 표현이에요. 한 가지 위험을 피하려다가는 다른 위험에 빠져들 수 있음을 경고하는 말이지요. 어쨌든 수많은 선원들의 목숨을 빼앗아간 스킬라는 결국 헤라클레스에 의해 최후를 맞이하게 된답니다.

이크티오켄타우로스

이크티오켄타우로스는 반은 사람이고 반은 물고기와 말이 섞인 모습을 하고 있는 바다의 켄타우로스들이에요. 비토스와 아프로스라는 이름을 가진 두 명의 형제로 이 둘을 합쳐 부를 때는 이크티오켄타우로이라고 부르지요. 비토스는 '바다의 깊이'를, 아프로스는 '바다거품'이라는 의미가 있어요. 이들은 반은 사람이고 반은 말인 켄타우로스와 마찬가지로 말의 모습을 지니고 있지만, 머리에 바닷가재와 같이 두 개의 긴 뿔을 갖고 있고 물고기의 몸통이나 꼬리를 하고 있다는 점에서 다르답니다. 이크티오켄타우로스는 고대 회화나 조각에서 많이 볼 수 있는데 특히 아프로디테 여신의 탄생을 나타낸 장면에서 여신을 바다 밖으로 들어 올리는 모습으로 묘사되곤 하지요. 또한, 포세이돈을 태우고 바다 위를 질주하는 말들과 나란히 하고 있는 모습으로 나타나기도 해요.

수탉의 머리에 뱀의 몸을 한 바실리스크는 코카트리케라는 이름으로도 알려진 괴물이에요. 매우 강한 독을 지니고 있어 그 숨결만 맡아도 목숨을 잃을 정도였지요. 영화 해리 포터 시리즈에 등장하는 거대한 뱀 바실리스크도 그리스 신화의 바실리스크에서 영향을 받은 것이랍니다. 바실리스크는 거미의 천적이기 때문에 집 안이나 신전에 바실리스크의 시체를 걸어두면 거미의 접근을 막을 수 있다고 전해졌어요. 그래서 아폴론 신전이나 아르테미스 신전에도 바실리스크의 시체를 걸어 놓았다는 이야기가 있답니다. 이 무시무시한 괴물 바실리스크에게서 살아남을 수 있는 동물은 족제비뿐으로 족제비 역시 치명적인 독을 숨기고 있기 때문이라고 하네요.

그리스 로마 신화를 빛낸 인물들

2020년 02월 01일 1판 1쇄 인쇄
2020년 02월 11일 1판 1쇄 발행

글 조아라
그림 수아
펴낸이 구모니카
디자인 김해연
마케팅 신진섭

펴낸곳 M&K
등록 제7-292호 2005년 1월 13일
주소 고양시 일산서구 고양대로 255번길 45. 903동 1503호(대화동,대화마을)
전화 02-323-4610
팩스 0303-3130-4610
E-mail sjs4948@hanmail.net
ISBN 979-11-87153-44-3 74800
　　　　979-11-87153-30-6 74800(세트)

※ 정가는 뒤표지에 있습니다. 잘못된 책은 바꾸어 드립니다.
※ 이 도서의 국립중앙도서관 출판시도서목록(CIP)은 e-CIP홈페이지
　 http://www.nl.go.kr/ecip와 국가자료공동목록시스템
　 http://www.nl.go.kr/kolisnet에서 이용하실 수 있습니다.(CIP2020004700)